그리스도인의
성품 탐방

| 에드 영 지음 · 김인희 옮김 |

소그룹을 위한 **영성 훈련** 시리즈 ❻

프라미스

Character Tour

Copyright ⓒ 2004 by Ed Young
Published by Serendipity House Publishers Nashville, Tennesse
Korean translation copyright ⓒ 2012 by Qumran Publishing House
All rights reserved.

This Korean edition is published by arrangement with KCBS, Seoul.

이 책의 한국어판 저작권은 KCBS를 통한 B&H Publishing Group과의 독점 계약으로 쿰란출판사에 있습니다. 무단 전재와 복제를 금합니다.

옮긴이 서문

이제 이 책을 들고 우리는 여행을 위한 워밍업을 한 후, 5개의 캐릭터 역을 방문하게 됩니다. 캐릭터(character)란 안에서부터 바깥으로 나와서 내가 누구인가를 정의해 주는 것이죠. 이 다섯 개의 역 이름은 성경 속에 나오는 특별한 덕목들로서, 세상이 추천하는 성격 특성, 다시 말해 훌륭한 인간이 되기 위해 필요한 성품으로 제시하는 목록과는 다를 수 있습니다. 이 다섯 개의 역 이름은 인내, 용기, 사랑, 독창성, 그리고 연단입니다. 각 덕목의 롤 모델이 되는 인물들도 제시되고 있습니다.

첫 번째 인내의 역에서는 노아를 만납니다. 120년에 걸쳐 배를 만든 노아, 비를 본 적도 배는 더더욱 본 적도 없었을 노아가 120년 동안 배를 만든 것은 얼마 만한 인내였으며 얼마 만한 순종이었을까요?

그다음 순서는 용기입니다. 갈렙이 나옵니다. 참 용감했죠? 그가 나이 들어 노인이 되었을 때, 그의 용기는 더 멋있었습니다.

다음 역은 사랑. 여기선 못 말리는 창녀 고멜과 결혼해서 많은 수모를 겪는 호세아 선지자가 모델입니다. 사랑은 우리가 생각할 때, 흔히 솜사탕처럼 달고 보드랍고 포근하죠? 하지만 정반대입니다. 사랑이 얼마나 거칠고 쓰며 고통과 역경을 견디어야만 지켜낼 수 있는 것인지를 보여 줍니다.

그다음으로 우리는 독창성 역으로 전진합니다. 이 모델은 누구일까요? 다름 아닌 창조의 본체 하나님이십니다. 하나님 아버지가 독창성을 창조하셨고 그 아들 예수 그리스도는 그것을 구체화하셨고 성령 하나님이 그 독창성에 능력을 부여해 주십니다.

여행의 마지막 역은 연단입니다. 이 연단의 모델은 다니엘입니다. 다니엘이 어떻게 자신을 연단했으며 하나님께서 다니엘의 헌신으로 말미암아 얼마나 놀라운 방법으로 그를 사용하셨는지를 보게 됩니다.

어떻게 하면 우리가 거룩하신 하나님의 절대적이고도 다른 것과 섞여질 수 없는 그분의 이미지를 반영할 수 있을까요? 그 대답은 바로 성품(character)입니다. 이 책 속에서 성품 탐방을 하면서 성경 속 인물들이 그들의 성품을 그렇게 키워나갔듯이 우리도 그렇게 하나님의 덕목을 키워가기를 소원합니다. 그래서 이 모든 성품의 완성자, 예수 그리스도의 빛을 받아 반사하는 달이 되길 원합니다.

2011년 12월 5일
옮긴이 김인희

이 책을 유용하게 사용하는 법

소그룹은 세계의 다른 많은 교회와 마찬가지로 펠로우십 교회(Fellowship Church)에서도 대단히 중요하다. 소그룹 운용 방법에 대해서는 많은 이론들이 있고 또 그 방법들이 다 훌륭하다. 이제 당신이 막 손에 든 이 책은 소그룹 운용에 대한 한 가지 모델을 제시하고 있다. 잠시 시간을 내어 읽고 필요한 대로 자유롭게 사용하기 바란다.

소그룹은 매번 모일 때마다 세 단계로 그 일정을 진행하게 된다. 교제(social time), 토의(discussion time), 그리고 기도 시간(prayer time)이다. 이 세 단계는 다 중요하지만 그렇다고 시간 배정을 똑같이 할 필요는 없다. 이 책을 최대한 효율적으로 활용하도록 각 부분마다 설명을 첨가하였다.

1) 소그룹 모임의 첫 번째 단계는 교제이다. 시간 배정은 전체 시간의 30%로 한다. 모임을 주최하는 사람은 집에 사람들이 도착할 때마다 반갑게 맞이한다. 각자 자기를 소개하고 참석자들에게 진심으로 관심을 보임으로써 모임에 참석한 사람들이 자신이 환영받는다는 기분 좋은 경험을 하게 된다. 간식을 조금 나누거나 식사를 같이 할 수도 있다. 그런 다음 두 번째 단계인 공부(lesson)로 들어간다.

2) 이 공부 시간에는 전체 시간의 50%를 할애한다. 참석자 모두 토론에 참여하도록 시작 때의 딱딱한 분위기를 부드럽게 하는 짧은 '아이스브레이크 시간(ice breaker)'을 가질 수도 있다. 각과의 '들어가기(Start it up)' 부분에 있는 질문들은 모두가 참여할 수 있는

부담 없는 수준으로 영적 성숙도나 성경 지식과는 상관이 없다. '펼치기(Talk it up)'에서는 제 시간 내에 마치는 것이 질문을 빠뜨리지 않고 다 하는 것보다 중요하다. 세 번째 '올려드리기(Lift it up)'를 충분히 다루기 위해 펼치기에서는 몇몇 질문들을 생략해도 좋다.

3) 모든 소그룹에서 이 '올려드리기(Lift it up)'는 대단히 중요하며 전체 시간의 20%가 되도록 배정한다. 하나님이 자신의 삶에 어떻게 역사하고 계신지 멤버들과 나누고 특별한 기도 제목을 부탁할 수도 있다. 이 단계에 집중할 수 있도록 각과의 맨 마지막에 한두 가지 질문을 실었는데 함께 나눈 토픽을 바탕으로 즉석에서 떠오른 기도제목을 내놓을 수도 있다. 기도 제목을 써 놓을 여백도 마련했다. 이렇게 써 놓으면 내 차례가 되었을 때 잊어버리지 않고 분명하게 전달할 수 있어서 좋다. 그 다음엔 그룹 멤버들의 기도 요청을 적을 수 있게 했다. 이렇게 적어 두고 사람들의 기도 제목을 하나하나 기억하면서 일주일 내내 기도하는 것이다.

영성 개발 여정의 보조자료로 2과에서 6과까지 각과에 들어가기 전, 10개의 짧은 '묵상(devotionals)'을 실었다. 10개의 묵상은 2주에 한 번씩 만나는 그룹이 사용할 수 있게 했는데 한 주에 5일 분씩, 2주를 사용할 수 있다. 이 묵상들은 매일매일 하나님과 함께하는 큐티 시간(Quiet Time)에 사용해도 좋다. 하루 5~10분씩 시간을 내어 묵상을 읽고 그날의 삶에 적용함으로써 이 책을 최대한 활용하기를 바란다.

하나님의 은혜를 빌며,
에드 영

그리스도인의 성품 탐방

나의 오랜 친구는 어떤 사람이 좀 재미있거나 익살스러운 짓을 하면 꼭 그 사람의 등을 친근하게 두드려주면서 느릿한 남부 특유의 말투로 "You character!"(너 참 멋있구나)라고 한다. 이 말은 그 친구만의 어투로, 자동적으로 그를 연상하게 만든다. 마치* "Here's Johnny!"("사회자 조니입니다") 하면, 본능적으로 옛날 '투나잇 쇼'의 에드 맥마흔(Ed McMahon)을 생각하는 것처럼 말이다.

몇 년이 지나서야 깨닫게 된 일이지만 때때로 그 친구의 말, 그 친구가 언제나 누군가에게 말해주던 그 짧은 두 단어를 곰곰이 생각해 보면, 그의 말이 맞다. 우리 모두는 개성을 지닌 인물이다. 다시 말해서 우리는 모두 특징이 있는 개성적인 인물로 만들어졌다.

그런데 정확하게 성품(Character)란 무엇인가? 간단히 줄여서 성품은 우리의 내부적 구조가 밖으로 드러나는 것이라고 할 수 있다. 이 책을 공부해 가면서 진정한 캐릭터는 단지 겉으로 보이는 것이 아님을 알게 될 것이다. 캐릭터는 단순히 겉으로 보고 말할 수 있는 것이 아닌 내면의 것이다. 캐릭터는 안에서부터 밖으로 나와서 내가 누구인가를 정의해 주는 것이다.

그러나 오늘날과 같은 기업 스캔들, 조석변개의 정치, 도덕적으

---

*옮긴이 주 : 미국의 대표 심야 토크쇼 '투나잇 쇼'의 조연 출연자 에드 맥마흔이 이 쇼의 진행자 조니 카슨을 과장된 목소리로 이렇게 불렀다.

로 붕괴해버린 미디어 세상에서 참되고 의미 있는 캐릭터는 멸종 위기에 있다. 너무 많은 사람들이 쉽없이 바뀌는 문화적인 가치에 내가 누구인가를 정의하도록 맡겨 놓고 있다.

이런 풍조를 우리는 깨뜨리고 뚫고 나가는 대신 너그럽게 봐주고 있다. 여기에 대해 의연히 일어서는 대신 자리에 묵묵히 앉아 있다. 미래를 상상하기보다는 과거의 수렁에 빠져 있다. 우리의 독창성을 발휘하기보다는 평범 속에 안주하고 있다. 그리고 하나님의 사랑을 나누는 대신 증오하고 있다.

따라서, 어떻게 하면 우리가 하나님이 원하시는 그리스도를 닮은 성품을 소유할 수 있을까, 어떻게 하면 우리 삶에서 손상되지 않은 귀한 성품들을 개발할 수 있을까 하는 이것이 이 책에서 공부할 내용이다. 앞으로 몇 주간에 걸쳐서 성경 속을 여행하면서 그들이 가진 숭고한 성품을 드러내준 인물들을 살펴보고자 한다.

하나님의 여행 에이전시에 여행 예약을 하고 특별한 성품 탐방 (Character Tour) 호에 승선하면서, 나의 기도는 이 여행을 다 마쳤을 때 하나님께서 이렇게 말씀하시는 것을 들을 수 있었으면 하는 것이다. "You character!(너 참 멋있구나)."

목 차

옮긴이 서문 ·· • 3
이 책을 유용하게 사용하는 방법 ············ • 5
그리스도인의 성품 탐방 ························ • 7

제1과. 당신의 성품은 어떻게 만들어지고 있는가? ·········· • 11
    묵상. 제2과 들어가기 전에 ······················· • 21

제2과. 당신은 최후까지 인내하며 버티는가? ·············· • 31
    묵상. 제3과 들어가기 전에 ······················· • 43

제3과. 당신의 용기는 접혀지는 것인가? ··················· • 55
    묵상. 제4과 들어가기 전에 ······················· • 67

제4과. 당신 안에 하나님의 사랑이 넘치는가? ············· • 77
    묵상. 제5과 들어가기 전에 ······················· • 88

제5과. 당신은 독창성을 최대한 발휘하고 있는가? ········ • 103
    묵상. 제6과 들어가기 전에 ······················· • 112

제6과. 당신에게 자기 훈련은 무너져버렸는가? ············ • 129

지도자 가이드 ·· • 140

제1과

당신의 성품은 어떻게 만들어지고 있는가?

고린도후서 3:18; 베드로전서 1:6-7; 시편 119:67-71; 야고보서 1:2-4

오늘의 초고속 시대에서 끊임없이 지속되는 것 중의 하나는 끊임없이 이루어지고 있는 변화이다. 이 변화의 속도가 지난 10년보다 현재의 10년이 더 빠르게 진행되는 것 같다. 우리 모두가 시인하는 것은 그중의 어떤 변화는 긍정적이고, 편안하고, 사회의 발전을 약속해 주기까지 하지만 그 외의 많은 변화들은 오히려 사회를 혼란시킨다는 것이다.

정직한 마음으로 되돌아볼 때, 우리의 인간성과 가정이라고 불리는 작은 사회에 대해서 부정적이 되는 것을 어쩔 수가 없다. 우리는 오염되어 있다. 거의 모든 사람이 절대적 진리나 목적, 또는 도덕성에 대한 전 우주적인 기준 같은 것은 더 이상 믿지를 않는다.

오늘의 도덕적 상대주의 같은 조류에 맞서느라 피곤함이 우리 모두에게 영향을 미치고 있다. 마치 하강하는 에스컬레이터를 걸어 올라가고 있고 누군가 계속 기계로 이 속도를 조작하고 있는 것 같은 느낌이다. 우리는 아마 이 질문에서부터 시작해야 할지도 모르겠다. "도대체 내 느낌대로 내 자신이 판단하는 것이 무엇이 잘못 되었단 말인가?"

그리스도인의 성품 탐방

어떻게 하면 우리가 절대적이고도 다른 것과 섞일 수 없는 거룩하신 하나님의 형상을 나타내는 일에 전념하며 우리의 위치를 지킬 수 있을까?

그 대답은 성품(character)이다. 성품은 밖으로 드러나는 우리의 내면 세계이다. 이 책 속에서 우리는 성품 탐방을 할 것이다. 성경 속에 등장하는 수많은 인물들을 찾아보면서 그들의 성품이 어떠한지, 그 성품들을 어떻게 키워갔는지를 공부할 것이다.

• 들어가기 Start It Up

"내가 살고 있는 이 문화에 의해 내가 얼마나 바뀌었을까?" 하고 질문해 본 적이 있는가? 이전에 끔찍하게 여기던 것이 점점 아무렇지도 않게 되어가고 있지는 않은가? 불변하시는 하나님 눈에 당신이 어떻게 비치는지 하나님 앞에 바싹 다가섰을 때, 당신이 정말 저 사람이 누구인지 알아보지 못할 사람이 거기 있을 때가 있는가?

1. 우리 사회에서 도덕성의 기준이 사라진 것을 본 것은 어떤 경우였습니까? 예를 들어보십시오.

2. 세상이 더욱 긍정적이고 도덕적인 성품을 가질 수 있도록 우리가 실천할 수 있는 방법으로는 어떤 것이 있습니까?

● **펼치기** Talk It Up

　이 책의 성품 탐방은 성경 속의 훌륭한 성품들의 역으로 우리를 안내할 것이다.

　첫 번째 역은 인내이다. 이 역에서는 놀라운 지구력을 가졌던 노아라는 사람을 공부하고자 한다. 그는 완성하는 데 120년이 걸린 일을 시작했다. 삶에서 우리를 멈추게 하는 바로 그 지점을 힘차게 통과하는 것이 인내라는 것을 우리는 배울 것이다.

　그다음 순서는 용기이다. 여호수아와 갈렙의 생애는 어떻게 힘겨운 상황과 맞서고, 어떻게 믿음을 붙들고 동료들의 압력에 맞설 것인지를 보여준다.

　다음 역은 사랑이다. 하나님의 선지자 호세아는 하나님의 음성을 따라 매춘부와 결혼하고 놀라운 그 성품이 시작되는 점을 강력하게 시사해 준다. 하나님의 은혜에 사로잡힌 사랑을 보여준다.

　그다음으로 우리는 독창성을 향해 계속 전진할 것이다. 독창성을 찾아 성경을 멀리 떠날 필요는 없다. 바로 하나님 아버지가 독창

그리스도인의 성품 탐방

성을 창조하셨고, 그 아들 예수 그리스도는 독창성을 구체화하셨고, 성령 하나님이 그 독창성에 능력을 부여해 주신다.

우리 탐방의 마지막 역은 연단이다. 연단은 자기 삶에서 많은 성취를 가져오는 사람들의 성품에서 공통된 요소이다. 우리는 하나님께서 다니엘의 헌신으로 말미암아 얼마나 놀라운 방법으로 다니엘을 사용하셨는지를 보게 된다.

탐방을 시작하기 전에, 과연 성품이 무엇에 대한 것인지를 보여주는 아주 매혹적인 말씀을 성경에서 세 군데 찾아보고자 한다.

성품은 그 형태가 변화하면서 발전한다

고린도후서 3장 18절 읽기.

바울은 예수께서 오셔서 이 세상에 새 생명을 주셨고 이제는 우리 속에 거하시는 성령님으로 말미암아 우리가 하나님 앞으로 온전히 나아갈 수 있는 것을 설명하기 위하여 구약의 모세 이야기를 하고 있다. 구약시대에는 하나님께서 이스라엘 백성들의 믿음을 더하시기 위하여 곧잘 '바깥에서 안으로' 접근하는 방식을 사용하셨다. 그리고 그 방식은 변화를 가져왔다.

그리스도를 따르는 자에 대해 말할 때, 바울은 '변형'(metamorphosis)이라는 어휘로부터 유래하는 '변화된'(transformed)이라는 말을 사용한다. 이 말의 의미는 '안에서부터 바깥으로'의 변화를

말한다. 외부의 어떤 것과도 상관없이 변형은 내부에서 계속되는 것이다. 그래서 성품을 "내부적 연결의 외부적 표출"이라고 말하는 이유가 여기에 있다.

이제 분명한 질문은 우리가 누구 혹은 무엇에 연결되어야 하는가이다. 간단 명료하게 답은 예수님이다. 예수님은 십자가를 통해 이루신 공적으로 말미암아 성품 개발 과정에 대혁명을 일으키셨다. 예수님은 완전한 성품의 모체이시다. 모세처럼 그분을 산이나 장막으로 만나러 가는 대신에 우리의 주인으로 우리 속에 거하시도록 허락할 때, 문자 그대로 우리 속에서 성품 교체가 이루어지기 시작한다.

예수님은 모든 새로운 성품에의 약속과 그 가능성을 한순간에 이끌어 내신 다음, 매일매일의 우리의 순종을 통해 하나씩 하나씩 우리의 영구적인 성품을 변화시켜 가신다. 따라서 우리는 '모든 순간에 하나님의 영광을 더하는' 변화되어 가는 과정에 있는 것이다.

3. 늘 예수님께 연결되어 있으려면 어떻게 해야 합니까?

그리스도인의 성품 탐방

성품은 시련과 연단의 불 속에서 다듬어진다

베드로전서 1장 6-7절 읽기

전 역사를 통하여 드러난 하나님 손에 들려 있는 가장 유용한 두 가지 연장, 우리의 성품 개발에 사용되는 무기는 시련과 연단이다. 위의 말씀을 기록한 베드로는 시련과 연단에 대해 잘 알고 있었다. 그리고 그에 대한 실수도 알고 있었다. 그는 예수님의 최측근이었으나 예수님을 부인했고, 주님이 체포되고 심문을 받고 십자가에서 죽으시는 그 모든 과정에서 믿음에 실패했다. 그후, 예수님의 무덤에서의 부활 후, 주님은 베드로를 다시 찾아오셔서 그를 애정 어린 손길로 회복시키셨으며 더 깊은 성품으로 변화되도록 이끄셨다.

우리가 보는 대로, 하나님은 우리의 성공보다 우리의 성장에 더 관심이 있으시다. 하나님께서는 우리에게 실패와 또 우리 속에 있는 것을 연단하시기 위하여 고난의 시간이 필요하다는 것을 아시며 우리 속에서 변화가 일어나는 과정 동안 하나님을 따르도록 필요한 동기 부여도 하신다.

"너희 믿음의 확실함은 불로 연단하여도 없어질 금보다 더 귀하여 예수 그리스도께서 나타나실 때에 칭찬과 영광과 존귀를 얻게 할 것이니라"(벧전 1:7). 베드로는 금을 제련하는 금 제련사의 이미지를 힘차게 묘사하고 있다. 금 제련사는 금 속의 불순물들이 위로 다 떠오르도록 풀무의 열을 가하고 온도를 높인다. 이런 과정을 그는 반복하고 또 반복한다. 제련사는 정금이 된 때, 금이 순전한 금

으로 정련(精鍊)이 된 때를 안다 – 그의 모습이 금에 비치어 보일 때, 바로 그때가 순금이 된 때이다.

　때때로 하나님이 우리를 잊어버리고 계신 것같이 느껴질 때가 있다. 불이 너무 뜨겁고 인생의 시간이 흘러가는 것이 두렵다. 우리가 도저히 끝까지 갈 수 없을 것같이 느껴지는 바로 그때가 하나님께서 그분의 모습을 우리의 삶 속에 비추어 보이시는 순간이다. 이것이 깊고, 오래가고, 성숙하고, 특별한 성품을 하나님의 자녀에게 지어 올리시는 하나님의 방법이다.

　베드로전서의 이 말씀은 하나님께서 우리의 성품을 변화시키시는 이유의 귀중함을 보여준다. 하나님께서는 '열'을 가하여 여러 가지 형태를 만드시면서 우리 자신이 누구인지를 내면으로부터 깨닫게 하시고, 그 내면으로부터 진정 달라지고자 하는 간절한 열망을 품게 하시는 것이다.

4. 더 깊이 하나님을 원하도록 하나님께서 당신의 삶에서 어떤 테스트를 하셨습니까?

---

5. 우리의 불순물들이 위로 다 떠오르도록 열 속에서 견디기를 거절하면 그 결과가 어떻게 될까요?

인간의 성품은 고난과 고통에 의해 깊어진다

시편 119편 67-71절 읽기

이 다섯 절의 시구는 고난과 이를 통한 교훈이 우리 삶 속에 들어와서 우리 성품이 일정하고 영구적인 형태로 변화되어 결국은 우리의 행동도 변하는 것을 역력하게 보여준다. '고난당하는'(afflicted)이라는 단어의 정확한 번역은 '낮추는'(humbled)이다. "그릇 행하였다"(I went astray)라는 말은 우연한 사고나 순수한 실수를 의미하는 것이 아니라 완전히 일을 망치는 것을 말한다. 고집불통 같고 내 마음대로 하려고 하여, 우리 삶을 원하는 대로 하겠다고 결정하는 것을 의미한다.

이것은 우리 모두에게 있는 위험한 요소이다. 이런 성향이 우리 속에 그대로 있으면 우리를 망치게 된다. 때문에 우리를 사랑하시는 하나님께서 어떻게 하시겠는가? 이런 이유 때문에 자주 고난과 고통을 허락하시면서 성품 변형을 일으키는 내면 작업이 이루어지는 것이다. 다윗은 이 변형의 과정에서 정말 꺾이는 것은 오직 우리의 자긍심인 것을 보여준다.

6. 하나님이 왜 우리의 결점을 보여주시기 위하여 고난을 사용하시며 왜 고난을 우리의 성품 변화를 위한 동기로 삼으신다고 생각합니까?

7. 이 변형을 경험하는 데 당신을 내적, 외적으로 가로막는 것이 무엇입니까?

• **올려드리기** Lift It Up

야고보서 1장 2-4절 읽기

하나님께서는 우리가 단지 삶의 고난에서 살아남기만을 바라시는 것이 아니라 고통에도 불구하고 기쁨을 체험하기 원하신다. 왜냐하면 우리는 그 시련의 과정을 통과하면서 하나님께서 우리의 성품을 변형시키시는 줄을 알기 때문이다.

8. 예수님을 닮는 성품을 개발하는 것과 관련하여 우리가 계속 성장하도록 서로 쉽게 도울 수 있는 일에는 어떤 것이 있습니까? 또 어려운 일에는 어떤 것이 있습니까?

하나님께서 당신을 더욱더 그리스도를 닮아가도록 인도하심을 느끼는 영역들을 놓고 서로 그 영역들을 위해 기도하는 시간을 갖는다.

나의 기도 요청

그룹의 기도 요청

Day 1.
고상한 성품

사도행전 17:11

베뢰아에 있는 사람들은 데살로니가에 있는 사람들보다 더 너그러워서 간절한 마음으로 말씀을 받고 이것이 그러한가 하여 날마다 성경을 상고하므로

고상한 성품이 어떤 것인지 이 구절보다 더 분명하게 보여줄 수는 없다. 마치 어떤 사람이 바울에게 "고상한 성품이 어떤 것입니까" 하고 물었던 것만 같다.

이 구절 속에 열린 마음과 자기 책임감이 얼마나 잘 조화되어 있는지 모른다! 베뢰아 사람이 아무 생각 없이 무엇이든 입에 넣어버리는 '새끼 새'가 아니었던 것이 분명하고 그들의 영이 비천한 상태가 아니었다는 점도 놀랍다.

우리 역시 열린 마음, 감사하는 자세를 견지하면서 어리석게 속아 넘어가지 않는 사람이 될 수 있다. 깊은 성품을 가진 성숙한 사람은 다른 사람을 가르칠 만한 넉넉함이 있고 자신의 영적 성장에 대한 책임도 질 줄 아는 사람이다.

당신은 베뢰아 사람들처럼 고상한 성품을 가졌습니까? 다른 사람에게서 간절히 배우고자 하는 마음, 또 자신의 영성 개발을 스스로 책임지는 사람이 되기 위하여 당신이 할 수 있는 일은 무엇입니까?

Day 2.
인내, 연단, 소망

로마서 5:3-5

다만 이뿐 아니라 우리가 환난 중에도 즐거워하나니 이는 환난은 인내를, 인내는 연단을, 연단은 소망을 이루는 줄 앎이로다. 소망이 우리를 부끄럽게 하지 아니함은 우리에게 주신 성령으로 말미암아 하나님의 사랑이 우리 마음에 부은 바 됨이니

사람들은 자주 훌륭한 성품은 고통과 시련의 시기에 형성된다고 말한다. 이 말도 맞지만 내가 더 확실히 믿는 바는 고통과 시련이 한 사람 속에 있는 성품을 드러나게 한다는 것이다. 이 두 가지 진실은 실로 동전의 양면과 같다.

역경에도 불구하고 우리를 소망과 약속의 장소로 인도하는 것은 우리의 좋은 성품이다. 삶은 우리를 실망시킬 수 있지만 하나님의 사랑으로 말미암아 우리가 갖는 소망은 우리를 실망시키지 않으며 또 실망할 수도 없다. 그러나 이 성품은 인내의 결과이므로 자신을 온전히 바쳐서 헌신하는 희생이 없이는 얻을 수 없다는 것을 알아야 한다.

고난과 시련의 때에도 당신은 기뻐한다고 정직하게 말할 수 있습니까? 당신이 혹시 지금 역경을 지나고 있다면 이 역경에 대한 새로운 눈을 주시기를 하나님께 구하십시오. 하나님께서 당신의 성품을 어떻게 개발하기 원하시는지 보여주신 것이 있다면 무엇입니까?

Day 3.
뿌리 깊은 나무

시편 1:1-3

복 있는 사람은 악인들의 꾀를 따르지 아니하며 죄인들의 길에 서지 아니하며 오만한 자들의 자리에 앉지 아니하고 오직 여호와의 율법을 즐거워하여 그의 율법을 주야로 묵상하는도다 그는 시냇가에 심은 나무가 철을 따라 열매를 맺으며 그 잎사귀가 마르지 아니함 같으니 그가 하는 모든 일이 다 형통하리로다

3절 말씀에 나오는 나무처럼 자연의 힘에 대항하여 우뚝 서는 것은 오직 당신의 뿌리가 깊이 박혀 있을 때이다. 뿌리가 성장하기 위해서는 시간이 필요하다. 당신의 미래에 도전해 올 시련에 항거할 힘을 저장하는 것으로, 오늘 이 시간 하나님과 함께, 하나님의 생명의 근원으로부터, 그리고 성경의 진리로부터 깊이 들이키라. 이것은 단지 당신이 필요한 것을 필요한 때에 공급해 줄 뿐 아니라 당신의 인생 여정에 큰 행복을 안겨다 줄 것이다.

오늘 당신의 뿌리에 대해 하나님과 대화를 나누고 싶다고 말씀드리십시오. 당신의 뿌리가 어디로 더 깊이 뻗어가야 하겠습니까? 당신의 뿌리가 성경의 생수 속에 푹 잠기게 하기 위하여 당신이 할 수 있는 일은 무엇입니까?

Day 4.
선한 부르심

골로새서 3:15-16

그리스도의 평강이 너희 마음을 주장하게 하라 너희는 평강을 위하여 한 몸으로 부르심을 받았나니 너희는 또한 감사하는 자가 되라 그리스도의 말씀이 너희 속에 풍성히 거하여 모든 지혜로 피차 가르치며 권면하고 시와 찬송과 신령한 노래를 부르며 감사하는 마음으로 하나님을 찬양하고

"너희 마음을 주장하게 하라"는 구절은 1세기 운동 경기 세계와 경기를 주재하는 자리에 앉은 심판자를 그린 그림에서 그 의미가 두드러진다.

훌륭한 성품을 지닌 사람은 부단히 그 인식이 깨어 있다. 경기가 진행되는 경쟁 열기 속에서도 이성의 음성과 올바른 판단력을 지녀야 한다. 그리고 경기가 잘 진행되기 위해서는 심판자의 권위를 인정해야 한다.

소극적인 사람들, 경기를 관람하는 자리에 앉아 있는 사람들은 인생의 실제 '게임'에 완전히 개입해 있는 사람들보다 심판자에게 덜 주목한다. 계속 게임 가운데 머물면서 오늘 당신 마음속에 있는 '심판자'의 자리를 인정하라. 그분의 '부르심'에 온전히 따르면서 그분의 평화를 체험하라.

어떻게 지내세요? 당신의 마음은 평안합니까? 당신의 삶의 영역 중에서 하나님의 부르심에 굴복하지 않는 영역이 있습니까?

Day 5. 당신 – 하나님의 걸작품

에베소서 2:10
우리는 그가 만드신 바라 그리스도 예수 안에서 선한 일을 위하여 지으심을 받은 자니 이 일은 하나님이 전에 예비하사 우리로 그 가운데서 행하게 하려 하심이니라

이 구절에서 우리는 하나님의 만드신 '바였다'가 아닌 점에 주목해야 한다. 이것은 현재 진행되고 있는 과정에 있다. 하나님은 그분의 마음속에 있는 우리의 모습을 완성하기 위해 쉼없이 일하시는 뛰어난 조각가이시다. 명 조각가는 자신의 눈에 차는 작품을 만들기 위하여 적당한 방법을 쓰거나 작업이 끝날 때까지 멈추는 법이 없다. 그리하여 완벽한 작품을 만들어낸다.

하나님께서 오늘 손에 연장을 드시고 열심히 그분의 명작을 빚는 작업을 위하여 당신 앞에 서 계시는 것을 상상할 수 있는가? 당신은 하나님의 작업 계획 속에 지극히 중요한 부분을 차지하고 있다. 오늘, 흔쾌히 당신의 삶을 만지시는 대가(大家)의 손길을 맞이하라.

걸작품으로서의 당신 자신을 바라볼 수 있습니까? 하나님께서 당신을 무엇을 위해 창조하셨다고 생각합니까? 바로 당신을 위하여 어떤 특별한 작업을 그분은 계획하고 계실까요?

Day 6. 하나님이 만들어 두신 난간

시편 37:23-24

여호와께서 사람의 걸음을 정하시고 그의 길을 기뻐하시나니 그는 넘어지나 아주 엎드러지지 아니함은 여호와께서 그의 손으로 붙드심이로다

하나님께서 기뻐하시는 것, 하나님을 기쁘게 하는 우리의 선택이 주는 거룩한 기쁨은 믿음의 여정을 계속해 나가는 동안 그 궤도를 안전하게 지켜주는 난간이 된다. 하나님이 마치 이렇게 말씀하시는 것과 같다. "네가 내 길로 행할 때, 내가 꼬-옥 너를 붙들어 주리라."

이것은 우리의 인간 됨을 인내하시는 하나님에 대한 그림이다. 하나님은 우리가 인생을 걸으면서 휘청거릴 것을 아시고 필요한 때에 반드시 비틀거리지 않게 붙드시겠다고, 안아 일으키시겠다고 약속하셨다.

오늘, 당신이 흔들림이 없도록 하나님께 신뢰를 두라. 당신이 할 일은 계속해서 하나님께서 바라시는 길로 꾸준히 걸어가는 것이다. 그리고 확실히 그곳에 이르게 하는 것은 하나님의 일이다.

당신은 하나님께서 '당신의 길을 기뻐하신다'고 생각합니까? 삶의 길에서 당신이 넘어진다면 하나님의 손을 의지하는 것을 배우기 위하여 할 수 있는 일은 무엇입니까?

Day 7. 하나님께서 당신을 덮으시리니

시편 138:7-8

내가 환난 중에 다닐지라도 주께서 나를 살아나게 하시고 주의 손을 펴사 내 원수들의 분노를 막으시며 주의 오른손이 나를 구원하시리이다 여호와께서 나를 위하여 보상해 주시리이다 여호와여 주의 인자하심이 영원하오니 주의 손으로 지으신 것을 버리지 마옵소서

    당신이 어디를 가든 따라다니던 개가 길을 잃고 헤매는 것 같은 '어려움'을 느낀 적이 있는가? 인생의 어려움이 당신의 발꿈치를 물어뜯을 때에라도 하나님께서 당신의 등을 지키시며 그 지점에 계시다는 사실을 아는 것은 우리에게 위로가 된다.

    당신의 삶에 있는 하나님의 목적을 드러내시고 그 목적을 이루시는 선상에 하나님은 친히 계신다. 당신이 어떤 노력을 한다고 해도 당신 자신의 능력으로 인생을 성공할 수는 없다. 그러나 하나님의 도우심으로, 어떤 상황에서도 당신은 해낼 수 있고 하나님의 계획대로 살아갈 수 있다.

    하나님의 인자하심이 영원하시므로 오래도록 당신에게 꼭 붙어 계실 것이다. 지금 당장 하나님의 사랑이 당신을 채우도록 허락하라. 당신의 삶을 하나님 손에 드리고 두려움이 물러나는 것을 지켜보라.

    당신의 삶을 하나님의 손 안에 내어드림이 어떤 편안함을 줍니까? 고난 중에도 당신에 대한 하나님의 목적을 이루시도록 그분을 신뢰할 수 있습니까?

Day 8.
불을 켜시오

잠언 4:18-19

의인의 길은 돋는 햇살 같아서 크게 빛나 한낮의 광명에 이르거니와 악인의 길은 어둠 같아서 그가 걸려 넘어져도 그것이 무엇인지 깨닫지 못하느니라

어둠 속에서 뭘 하려고 애쓰면 어떤 일이건 밝은 데서 하는 것보다 훨씬 힘들고 시간도 더 걸리고 또 위험하다. 우리 영혼의 적, 사단은 밝은 곳보다는 어두움 속을 종종걸음으로 쫓아다니며 우리가 '선한' 일을 하지만 그것이 하나님과 그다지 관련이 없는 일임을 보고 좋아한다. 우리는 하나님께서 원하시는 것이 우리가 그저 옳을 일을 하는 것인 줄로 생각하는 함정에 쉽게 빠지는데 하나님께서 정말 원하시는 것은 우리 마음이 간절히 하나님의 임재를 사모하고 그런 가운데서 우리의 믿음이 성장하는 것이다.

당신이 하나님의 뜻을 따라 바른길을 걸을 때, 당신 삶에 하나님의 빛이 점점 더 밝게 빛나서 당신의 길을 더 뚜렷이 볼 수 있게 될 것이다. 지금 바로 첫 발걸음을 떼어 놓으라. 하나님께 혹은 다른 사람에게 고백하지 않은 죄가 있다면, 오늘 그것을 고백하라. 그런 다음 앞으로 나아가라. 속히, 안전히 점점 더해 가는 하나님의 빛 가운데로.

당신의 길을 밝히는 빛은 얼마나 밝습니까? 어떤 영역의 죄를 하나님께 다 내어 놓고 고백해야 합니까? 당신의 삶에 점점 더 밝게 빛나는 하나님의 빛을 경험하십시오.

Day 9. 넘어지지 않는 믿음

누가복음 22:31-32

시몬아, 시몬아, 보라 사탄이 너희를 밀 까부르듯 하려고 요구하였으나 그러나 내가 너를 위하여 네 믿음이 떨어지지 않기를 기도하였노니 너는 돌이킨 후에 네 형제를 굳게 하라

예수님이 "내가 너를 위하여 기도하였다"라고 말씀하셨을 때, 그 속에 들어 있었던 참된 힘을 상상하기는 어렵지 않다. 하나님의 나라가 그리스도의 중보 기도에 응답하기 위해 일어섰다.

그런데 예수님의 말씀 속에는 삶의 묘한 철학이 담겨 있다. 예수님이 베드로에게 "네가 발이 걸려 넘어질 것을 알고 있노라. 따라서 오직 나의 관심은 네가 너의 믿음을 붙들고 그것을 다시 회복하는 데 있노라"고 말씀하시는 것 같다. 예수님의 이 메시지는 오늘 당신에게도 동일하다.

예수님이 우리의 실제 힘이 정말 보잘것없다는 것을 알고 계신다는 사실은 그분을 따라가는 우리에게 얼마나 큰 힘이 되는지 모른다. 주님은 그분의 사랑이라는 속성 때문에 우리의 울퉁불퉁한 믿음을 잘 손질하셔서 제 기능을 다하도록 우리를 다듬으시길 열망하신다.

오늘 추한 죄악 가운데 뒹구는 우리를 그래도 붙드시는 하나님께 감사하고, 미래에도 그 자리에 계셔서 우리를 끌어올리실 하나님께 미리 감사하자. 용서와 새로운 출발을 위해 하나님께로 돌이키자.

Day 10.
열매 맺는 가지들

요한복음 15:4-5

내 안에 거하라 나도 너희 안에 거하리라 가지가 포도나무에 붙어 있지 아니하면 스스로 열매를 맺을 수 없음같이 너희도 내 안에 있지 아니하면 그러하리라 나는 포도나무요 너희는 가지라 그가 내 안에, 내가 그 안에 거하면 사람이 열매를 많이 맺나니 나를 떠나서는 너희가 아무것도 할 수 없음이라

크리스천의 신앙 가운데 가장 어려운 일 중 하나가 시속 100마일의 속도로 달리는 삶 가운데 그곳이 어느 곳이 되건 '머무는' 일이다. 머물러 있는 것 또는 그냥 있는 것보다 뭐든 '하는 것'이 더 좋아 보이는 세상이다. 서둘러 하나님에게서 끊어지고는 우리에게 왜 이렇게 눈에 보이는 열매가 없는지 이상해 한다.

당신이 하나님께 연결되어 있는 느낌을 가진 때를 기억할 수 있는가? 그저 하나님의 임재 앞에 '있기' 위해 듣고, 배우고, 하나님께 반응하기 위해 시간을 따로 낸 적이 있는가? 그렇게 할 수 있다면 그때로 돌아가서 하나님께 다시 한 번 연결되도록 하라. 이것이 당신에게 생소한 개념이라면, 잠시 동안만 세상일에서 물러나서 이것을 시도해 보라.

열매는 그것이 양분을 얻는 근원에 연결되어 있기만 하면 자동적으로 성숙한다. 하나님과의 연결이 빈약했던 것을 인정할 수 있는 겸허한 마음을 주시도록 기도하고 그런 다음, 그저 포도나무 가지가 그러하듯 포도나무 되시는 그리스도께 연결되어 꼭 붙어 있으라.

하나님과의 관계 속에 머무는 것에 더 초점을 두고 하나님께 집중하며 바쁘게 움직이는 일을 덜 하는 것이 당신에게 얼마나 편안함을 줍니까? 이러한 행동 전환을 위해서 당신이 할 수 있는 일은 무엇입니까?

제2과

당신은 최후까지 인내하며 버티는가?

창세기 6:8; 히브리서 11:1, 12:1-3

지나온 생을 돌아볼 때, 계속하지 않고 멈춘 것 가운데 후회가 되는 일들이 있는가? 그것은 학업이나 사업의 기회였을 수도 있고 당신의 친구와 단교했거나 배우자나 자녀를 포기한 일일 수도 있다. 아니면 당신이 하나님을 포기했던 일일 수도 있다. 인생을 뒤돌아보며 이런 시간들을 한번 생각해 보라. 당신이 멈춘 일, 당신이 포기한 일들을…….

내 인생을 뒤돌아보면, 후회가 되고 양심의 가책이 되는 상황들이 많이 떠오른다. 그 중 한 가지는 내가 열여섯 살 때의 일이다. 나는 부모님께 자동차를 요구했고 부모님은 내게 조건부 동의를 하셨다. 그것은 샘 휴스턴(Sam Houston)의 전기를 먼저 읽으라는 것이었다. 나는 그 책을 읽기 시작했다. 그런데 끝마치지 못했다.

내가 몰랐던 것은 마지막 불과 몇 페이지 앞에 책을 끝까지 읽은 데 대한 보상으로 부모님이 내게 주시는 첫 자동차를 살 수표가 들어 있었다는 사실이다. 그러나 끝까지 그 책을 읽지 않았으므로 그 수표를 보지 못했고, 가질 수 있었던 나의 새 자동차를 못 가진 채 그 긴 여름을 보냈다.

그리스도인의 성품 탐방

• **들어가기** Start It Up

누구라도 지난날에 지치고 낙담하고 따분하기만 했던 경험, 시작한 일을 끝마치지 않은 경험들이 있다. 이런 일들이 한때는 대단한 열정을 품었던 일일 것이다. 그 일에 큰 노력과 경비를 투자해서 시작했으나 끝마치지 못한 것이다.

1. 주변을 둘러보면, 인내 부족으로 가장 영향을 받는 분야는 어떤 분야로 보입니까? 왜 이 분야를 꼽습니까?

   개인의 체력 관리/건강

   결혼생활의 행복

   부모로서의 성과

   경력상의 목표

   재정적 계획

   취미생활 개발

   인생 목표

   타인들에 대한 관심/사역

   기타 _____

   ----

2. 당신의 삶을 뒤돌아보면서 좀더 인내했더라면 하는 경험을 한 가지씩 나누어 보십시오. 만약 그것을 당신이 인내하고 꾸준히 했더라면 어떻게 되었을까요?

Character Tour

• 펼치기 Talk It Up

우리는 지금 도중하차하는 것을 오히려 칭찬하는 사회에 사는 것 같다. 오늘의 문화는 끝까지 뚫고 나가지 않아도 그렇게 놀라지 않는다. 많은 사람들이 뚫고 나가기보다는 책임을 회피하려 하고, 지속하기보다는 떠나고, 게임을 유지하기보다는 기권 타월을 던지는 쪽이다. 아파트 임대를 한 달 한 달 계약하는 것을 좋아하고 계약서 상의 조항들에 얽매이려 하지 않는다.

결혼 전에 만약의 경우를 대비하여 개인 재산상의 분리를 미리 해놓고, 프로 스포츠 세계에서는 한 팀의 에이전트에 매이지 않고 프리 에이전트로 뛰길 원한다. 많은 사람들이 직장을 그만두고, 서약한 것을 잊어버리고, 변명을 하고, 일하는 척한다. 이런 정신은 모두 우리의 '성품 탐방' 중에 있는 인내의 목적지에서 도망하는 것이다.

인내란 무엇인가?

인내는 우수한 성품 리스트에 들어 있는 요소이다. 그렇다면 과연 인내란 무엇이며, 어떻게 우리가 이것을 개발할 것인가? 인내란 삶의 정지 지점을 뚫고 나가는 것이다. 성취로부터 우리 앞을 가로막고 있는 벽을 있는 힘을 다해 강타하는 것이다. 인내는 우리에게 절대적으로 필요한 성품이지만 지금 세상에선 찾아보기 힘들다.

인내의 모델을 쉽게 찾을 수 없으므로 성경 속에서 찾아보고자 한다. 이 사람의 참을성은 너무도 잘 알려져 있어서 가히 인내의 '표본'이라고 할 만하다. 우리의 사랑하는 인내자는 다름 아닌 '노아'이다. 구름 한 점 없는 하늘 아래 사막 한가운데서 거대한 배를 만든 사람, 노아를 인내의 '표본'으로 꼽는다.

하나님의 은혜와 은총이 우리를 인내하게 하신다

창세기 6장 1-9절

세상이 너무나 약해져 하나님께서 사람을 창조하신 것을 후회하시고 지면에서 쓸어버리고 싶어진 지점에까지 이르렀다. 그러나 8절에 보면 노아는 "은혜를 입었더라"고 했다. 이것은 성경에서 최초로 등장하는 하나님의 은혜에 대한 가장 선명한 예이다. "은혜를 입었더라"는 구절의 히브리어적 의미는 우월한 사람이 받을 만한 자격이 없는 열등한 자에게 베푸는 호의를 뜻한다.

이 구절 가운데서 거의 갑자기, 예기치 않게 하나님의 은혜를 경험하게 된다. "입었더라"는 말은 탄원이나 요구를 통해서 어떤 것을 얻는 것이 아니다. 반드시 어떤 이유에 의해서가 아닌, 더 놀라운 것이 이 말 속에 함축되어 있다.

9절에서 우리는 하나님의 은혜에 대한 가능한 이유를 찾아볼 수

있다. "노아는 의인이요 당대에 완전한 자라 그는 하나님과 동행하였으며"라고 했다.

3. '그럴 만한 자격이 없는 사람이 은혜를 얻은' 일을 경험한 적이 있습니까? 왜 그 일이 당신을 놀라게 했습니까?

---

4. 노아가 하루하루를 '하나님과 동행'했던 것을 어떻게 그려볼 수 있습니까? 오늘날에 있어서 이 모습은 어떤 것일까요?

믿음은 인내의 기반이다

창세기 6장 11-21절 읽기

우리가 하나님과 동행하는 삶을 살 때, 꼭 일어나게 되어 있는 일 중의 하나는 그분이 우리에게 말씀하신다는 사실이다. 비록 귀로 들을 수 있는 음성은 아니지만 우리의 삶에 대한 하나님의 방향을 명료히 알 수 있게 된다. 종종 하나님과의 커뮤니케이션이 우리를 혼란스럽게 하고 두렵게 할 수도 있다.

　하나님은 노아에게 "배를 만들라"고 하셨다. 자, 이제 이 말이 노아에게 얼마나 이상하게 들렸을지 알아야 한다. 왜냐하면 노아가 배를 본 적이 없었을 것이기 때문이다. 그가 어떻게 배를 보았겠는가? 그는 사막에 살았고 바다 가까이 살지도 않았으며 그 전에 비가 온 적도 없다. 학자들은 그 시점까지 땅 위의 채소들이 비 대신에 밤 사이 내린 많은 이슬로 자랐을 것으로 추정한다. 노아는 이전에 물 웅덩이조차 본 적이 없었을 것이다. 그런데 어떻게 하나님이 만들라고 명하신 그 배가 뜰 수 있는 물을 보았겠는가?

5. 히브리서 11장 1절 말씀에 "믿음은 바라는 것들의 실상이요 보이지 않는 것들의 증거"라고 했습니다. 하나님의 요청에 대한 노아의 첫 반응은 어떠했을 것으로 생각합니까? 노아가 배를 짓기 전에, 그리고 배를 짓는 동안에 경험했을 믿음의 위기는 어떤 것이었을까요?

---

6. 하나님께서 당신의 관점에서 볼 때 완전히 말도 안 되는 것을 요청하신 적이 있습니까? 또는 당신의 경험상으로 볼 때, 전혀 조리에 닿지 않는 일을 요청하신 적이 있습니까? 거기에 대해 나누어 보십시오.

배를 짓는 일이 노아의 마음을 강타하기에 충분하지 않았다면, 상세하게 일러주신 그 배의 크기는 가히 엄청난 것이었다. 길이는 135m, 폭은 22.5m, 높이는 13.5m짜리의 배를 만들라고 하신 것이다. 한 번도 본 적이 없는 물건에 대해서 노아는 아연실색했을 뿐만 아니라 그 배를 만드는 일 자체가 악몽 같았을 것이다. 그의 생애에 겪었던 어떤 일보다도 큰 일이었음에 틀림없다.

이 일을 수행하기 위하여 그는 온 믿음을 다 끌어 모아야 했고, 일을 하는 데 따르는 어려움들은 물론 다 참아내야 했으며, 나아가 그를 돕도록 사람들을 설득해야만 했다. 그는 다른 사람들의 믿음에도 영감을 불어넣어야만 했다.

일의 규모가 터무니없는 범위라는 것만이 문제는 아니었다. 이 프로젝트를 하나님에게서 받았을 때 노아의 나이는 500세였다. 그 다음 이 배를 완성하는 데 그 후부터 120년이 걸렸다. 이것이야말로 '인내' 라고 정의내리는 것이다. 다른 사람의 경우는 모르겠으나 내 경우라면 80년이나 90년 후에 하나님께 불평했을 것이다. "제발, 하나님. 일기예보 채널을 계속 보고 있습니다. 구름이라곤 없어요. 뭘 하시는 겁니까, 하나님? 사람들이 모두 나를 미쳤다고 합니다!"

성경에서 노아와 그의 가족, 그리고 동물들이 모두 완성된 배 안에 들어갔다고 말씀하셨을 때……그들에겐 여전히 인내의 테스트가 기다리고 있었다. 그들이 배에 타자 하나님께서는 배의 문을 닫으셨다. 그들은 산꼭대기 높고 건조한 곳에 앉아서 비가 시작되기 전 7일을 덥고, 냄새나고, 갑갑한 배 안에서 보냈다.

7. 사람들이 뭔가 하던 일을 그만둬 버릴 때, 일반적으로 어떤 이유를 댑니까?

---

8. 하나님께서 우리의 상황을 인내하라고 하실 때, 그리고 어떤 것을 버리라고 하실 때, 우리는 어떻게 그 결심을 할 수 있습니까?

다른 사람에게서 격려를 받아 거치는 장애들을 집어던져 버리는 것은 인내하는 일에 도움을 준다.

- 이제 인내를 실제로 실행할 단계에 왔다. 노아가 대단한 인내를 보여 주었고 이제 우리는 이렇게 생각한다. "훌륭해. 하지만 내가 어떻게 이렇게 할까?"

히브리서 12장 1-3절 읽기

제일 먼저 할 일은 "구름같이 둘러싼 허다한" 믿음의 사람들, 현재의 우리의 고난에 증인이 되는 믿음의 사람들을 향하여 우리 머리를 돌리는 일이다. 우리보다 앞서서 인내를 보여 준 사람들은 우리를 가르쳐줄 뭔가를 가지고 있다. 늙은 모세가 우리에게 말한다. "일어나 지도자가 되라…… 당신은 할 수 있다!"

다윗이 일어나 우리 삶 속의 거인과 맞닥뜨릴 수 있도록 용기를 북돋우면서 "믿음 속에서 매끈한 돌 몇 개만 주워, 이 사람아"라고 말하는 것을 상상해 보라. 여기에 거리의 기생 라합까지도 한몫 낀다. "당신이 무슨 일을 했는지 난 상관 안 해. 하나님은 여전히 놀라운 방법으로 당신을 사용하실 수 있어!"

이들은 우리를 앞서 간 구름같이 많은 증인들 중의 한 작은 예에 불과하다. 우리가 진정으로 이 인내의 단원에서 이와 같이 심기를 일전시키는 감동을 받는다면, 우리는 비록 약하지만 인내할 수 있다는 용기를 느낄 것이다.

9. 당신이 참고 꼭 붙들고 있어야 할 인내가 필요할 때 그런 용기를 주는 사람이 당신의 삶 속에서는 누구입니까? 그에 대한 이야기를 함께 나누십시오.

"모든 무거운 것과 얽매이기 쉬운 죄를 벗어버리고"라는 말씀은 인내의 훌륭한 모습을 그려준다. 이것은 마치 경기 후 녹초가 되어버리는 장거리 경주에 나선 선수가 자신이 전투용 장화를 신고 바

닥을 끄는 모직 트렌치 코트를 입고 달리는 것을 깨달은 것과 같다. 이런 복장으로는 결코 승리하지 못할 줄 알고 거추장스러운 모든 것들을 벗어 던지기 시작하는 것이다.

10. 당신이 더 인내하며 달릴 수 있도록 오늘 벗어던질 수 있는 한 가지는 무엇입니까?

• 올려드리기 Lift It Up

"믿음의 주요 또 온전하게 하시는 이인 예수를 바라보자 그는 그 앞에 있는 기쁨을 위하여 십자가를 참으사 부끄러움을 개의치 아니하시더니 하나님 보좌 우편에 앉으셨느니라"(히 12:2).

하나님께 연결되는 것은 인내를 위한 결정적인 요소다

우리 영혼의 적, 사단은 끊임없이 우리가 하나님의 능력 안에서 인내하는 것과 우리 자신의 능력으로 인내하는 것 사이의 미묘한 선을 넘나들게 한다. 예수님이 하나님 아버지와 그렇게 가깝게, 일관되게 연결되어 계시지 않았다면 십자가를 지신 그 지점까지의 모든 과정을 결코 인내하실 수 없었을 것이다. 예수님이 진정으로 선

하시고 믿을 수 없을 만큼 연단되신 분이었기 때문에 십자가 사역을 이룰 수 있었던 것이 아니다. 그분이 말씀하신 대로 "나와 아버지는 하나이니라"라고 하신 만큼 하나님과 하나가 되어 계셨기 때문에 인내하실 수 있었다. 예수님은 성자 하나님으로서 성부 하나님과의 분명한 결합과 쉬임없는 커뮤니케이션을 가지셨다.

그리스도를 따르는 자들도 성령님을 통하여 하나님과의 이러한 결합을 경험할 수 있다. 우리가 예수님께서 아버지의 음성을 들으셨던 것처럼 듣지는 못할지라도 지금보다는 훨씬 더 하나님을 잘 들을 수 있다. 사람의 성품은 그 내면세계의 연결이 외면으로 표출되는 것임을 기억하라.

11. 참는 것과 끝까지 잘 마치는 것은 어느 누구에게도 쉽게 오는 것이 아님을 깨닫고 자신이 '달리고 있는 경주'를 그룹과 나누십시오. 하나님께서 그 경주에서 어떻게 견딜 힘을 주셨고 용기를 주셨는가 하는 점에 초점을 맞추십시오.

하나님의 안전하신 구원의 방주 안에서 서로 기도하는 시간을 갖는다.

그리스도인의 성품 탐방

나의 기도 요청

그룹의 기도 요청

Day 1.
나누일 수 없는 사랑

로마서 8:33-35

누가 능히 하나님께서 택하신 자들을 고발하리요 의롭다 하신 이는 하나님이시니 누가 정죄하리요 죽으실 뿐 아니라 다시 살아나신 이는 그리스도 예수시니 그는 하나님 우편에 계신 자요 우리를 위하여 간구하시는 자시니라 누가 우리를 그리스도의 사랑에서 끊으리요 환난이나 곤고나 박해나 기근이나 적신이나 위험이나 칼이랴

우리 믿음의 여정에서 장애물을 만나면 이것을 기억하는 것이 유익하다. 즉 우리의 죄성의 육신도, 이 세상도, 악마 그 자체도 우리가 우리 자신을 멈추도록 허락하지 않는 한 결코 우리를 막지 못한다는 것을 그리스도께서 입증하시기 위하여 우리 앞서 가셨다는 사실이다.

이 세상 그 무엇도 하나님의 사랑에서 우리를 떼어놓을 수 없다. 하지만 때로는 인생의 두려움, 염려, 불신앙, 단념 등이 하나님의 사랑을 체험하는 것을 막는다. 스스로 부과하는 이런 장애물들이 인간의 영혼을 만족하게 하시는 그분의 사랑에서 그대를 막지 못하게 하라.

당신은 얼마나 자주 그리스도의 사랑에서 자신이 분리된 것 같은 느낌이 듭니까? 그리고 어떤 상황이 이런 느낌을 줍니까? 자신에게 스스로 부과하는 이런 장애물들을 제거하기 위해서 할 수 있는 일은 무엇입니까?

Day 2.
끝까지 견고하게

고린도전서 1:8-9

주께서 너희를 우리 주 예수 그리스도의 날에 책망할 것이 없는 자로 끝까지 견고하게 하시리라 너희를 불러 그의 아들 예수 그리스도 우리 주와 더불어 교제하게 하시는 하나님은 미쁘시도다

한 달, 일 년, 십 년……. 하나님을 따르는 것은 좋은 일이다. 그러나 그리스도께 전적으로 헌신되어 따르는 자로서의 인증표(hallmark)는 평생토록 그분과 동거하는 자이다.

우리 마음을 울리는 중심구절 "견고하게 하시리라"라는 말씀에 주목하자. 이 구절은 다음의 뜻을 담고 있다. 우리의 평생에 하나님과 함께 걸을 것을 다짐하면, 우리를 견고하게 하시는 이는 하나님이시라는 말이다. 하나님께서 나를 떠나버리시고 이 길을 내가 홀로 걷게 하시지 않는 것은 하루 한 날, 그때그때의 필요를 아시고 채워주시기 때문이다.

다른 많은 관계들이 그렇듯이 관계에 성의를 보이면 보일수록 좋은 관계를 가질 수 있고 그로부터 더 많은 에너지를 만들어낼 수 있다. 오늘 생명을 저장해 놓는 은행에 믿음의 신실함을 저축하면, 하나님께서 거기에 당신이 내일 필요한 힘을 더하실 것이다.

당신은 주 하나님께 헌신하기로 결심했습니까? 당신은 이 긴 믿음의 여정 가운데 있는지요? 그리고 이것을 다른 사람이 어떻게 알 수 있습니까?

Day 3.
인내할 수 있는 힘

고린도전서 15:58

그러므로 내 사랑하는 형제들아 견실하며 흔들리지 말고 항상 주의 일에 더욱 힘쓰는 자들이 되라 이는 너희 수고가 주 안에서 헛되지 않은 줄 앎이라

나를 아는 사람, 나를 격려해 주는 사람들과의 관계만큼 우리에게 힘이 되는 것은 없다. 내 주변의 사람은 미처 내가 보지 못하고 놓치는 것들을 보여줄 수 있다. 사도 바울은 이러한 신선한 시각을 우리에게 제시하면서 인내하도록 크게 고무(鼓舞)하면서 고린도 교회에 보내는 서신을 마친다.

우리는 너무 바쁜 삶을 살기 때문에 간혹 영적 삶이 성장할 수 있도록 우리를 격려하고 도전하는 사람들과의 연결을 놓쳐버린다.

당신의 믿음이 성장하는 대로 기꺼이 당신과 함께 이 여정을 걷는 친구에게 오늘 전화를 해서 점심을 같이 먹거나 티 타임을 만들어 보라.

당신에게 용기를 주고 격려하는 사람들을 생각할 때, 누가 가장 먼저 떠오릅니까? 정기적으로 서로 용기를 북돋우고 관계를 쌓아올리기 위해서 어떤 방법이 있을까요?

Day 4.
견고히 서서

고린도후서 1:21-22

우리를 너희와 함께 그리스도 안에서 굳건하게 하시고 우리에게 기름을 부으신 이는 하나님이시니 그가 또한 우리에게 인(印)치시고 보증으로 우리 마음에 성령을 주셨느니라

이 말씀은 당신을 압박하는 큰 힘에 눌려 당신이 막 쓰러지려 할 때 기억해야 할 위대한 말씀이다. 사도 바울은 우리가 이런 가운데서도 설 수 있다는 것을 하나님이 보증하시기 위하여 행하신 3가지 권능을 적어 놓았다.

하나님께서는 우리에게 기름을 부으셨다(anointed). 왕을 세울 때, 제사장이나 선지자를 세울 때도 이와 동일한 어휘가 쓰인다. 바울은 우리의 모든 필요가 채워진다는 것을 그리스도를 따르는 모든 이에게 알리기 위하여 하나님께서 우리에게 기름을 부으셨다는 단어를 사용하였다. 우리는 왕 같은 자신감으로 설 수 있다.

하나님의 인이 우리가 진품임을 인증하신다. 이것은 마치 공증을 받는 것과 같다. 그 공증이 우리는 진정 하나님의 관심사라는 것, 하나님 소속이라는 사실을 입증하는 것이다. 사단은 결코 우리를 자기 뜻대로 움직이지 못한다.

그리스도를 따르는 모든 사람의 마음속에는 살아 역사하시는 강력한 하나님이신 성령(Holy Spirit)이 계신다. 이 성령께서 우리 마음속에 역사하실 때, 우리가 하나님 소속이라는 것을 증명해 주신다. 하나님, 그분이 바로 우리가 할 수 있는 이유인 것이다. 하나님은 내 속에 있는 나의 생각만큼이나 나와 가깝다.

Character Tour

오늘, 우리에 대한 하나님의 계획과 공급하심 가운데 있는 그분의 완전하신 지혜를 감사하자.

만약 하나님께서 함께하시지 않았다면 당신을 내리누르는 압박을 어떻게 대처했을 것 같습니까? 어떻게 하나님을 더 의지할 수 있습니까?

Day 5. 좋은 일 행하십시오

갈라디아서 6:9-10

우리가 선을 행하되 낙심하지 말지니 포기하지 아니하면 때가 이르매 거두리라 그러므로 우리는 기회 있는 대로 모든 이에게 착한 일을 하되 더욱 믿음의 가정들에게 할지니라

당신은 봄이 항상 겨울에 뒤따라 온다는 사실에 주목하는가? 겨울이 얼마나 길고 추웠든 봄은 온다. 우리 인생을 뒤돌아 볼 때, 우리의 많은 겨울들이 거기에 있었고 그런 어려움들을 견디어 왔음을 알게 된다.

그런데 정말 하나님의 시간을 기다린다는 것은 어렵다. 이 사실은 특히 상처를 받고 기다리고 있는 다른 사람의 옆을 나란히 걸을 땐 더욱 그렇다.

당신이 주변의 다른 사람을 도와주면서 '피곤해지면', 혹시 하나님의 일정표(timetable)가 아닌 자신의 일정표에 따라 마음을 가두어 놓고 있는 것을 아닌지 살펴보아야 한다.

당신이 심은 씨앗이 다른 사람의 삶의 토양에서 땅을 뚫고 솟아 오르도록 하나님으로 일하시게 하라. 당신 자신을 위하여……. 꾸준히 선한 일을 힘쓰라. 당신이 심은 씨앗이 언제 싹이 틀지 당신은 모르는 것이다.

선을 행하는 중에 피곤해지는 것은 삶에서 어떤 부분입니까? 그것을 어떻게 극복할 수 있습니까?

Day 6.
더 큰 능력

역대하 32:7-8

너희는 마음을 강하게 하며 담대히 하고 앗수르 왕과 그를 따르는 온 무리로 말미암아 두려워하지 말며 놀라지 말라 우리와 함께하시는 이가 그와 함께하는 자보다 크니 그와 함께하는 자는 육신의 팔이요 우리와 함께하시는 이는 우리의 하나님 여호와시라 반드시 우리를 도우시고 우리를 대신하여 싸우시리라 하매 백성이 유다 왕 히스기야의 말로 말미암아 안심하니라

"강하고 담대하라. 놀라지 말고 두려워 말라." 살아가면서 가끔씩 이 말씀이 필요치 않은 사람이 어디 있겠는가? 이 말씀을 들은 사람들이 용기를 얻었던 것처럼 우리도 우리의 적과 시련 앞에 담대히 설 수 있다.

사람을 통해 말씀하시는 하나님을 경외하게 되는 것은 때때로 내가 꼭 들어야 하는 바로 그 말씀을 하나님이 진리를 말씀하시듯이 사람의 음성이 말한다는 사실이다. 간혹 성령님의 음성은 아주 세미하시다. 그러나 우리는 그 세미하신 음성이 커질 때까지 충분히 조용한 가운데 오래 앉아 있으려 하거나 그런 훈련을 하려고 하지 않는다.

우리는 자신을 재정립하여 진실을 말해주는 긍휼한 마음을 가진 친구가 될 필요가 있다. 그리하여 우리를 대적하는 적의 속임수와 거짓말에 당당히 맞서자. 그래서 전장에서 두려움으로 약해진 친구의 다리를 힘있게 붙들어 주는 사람이 되자.

당신이 두려워지고 낙담하게 되는 것은 삶의 어떤 상황에서입니까? 어떻게 하면 보다 더 하나님의 능력과 그분의 시각에 맞추어 자신을 조정할 수 있을까요?

Day 7.
보고 들은 일

사도행전 4:19-20

베드로와 요한이 대답하여 이르되 하나님 앞에서 너희의 말을 듣는 것이 하나님의 말씀을 듣는 것보다 옳은가 판단하라 우리는 보고 들은 것을 말하지 아니할 수 없다 하니

　　베드로와 요한은 예수님의 두 제자였다. 이들은 예수님이 십자가에서 처형(處刑)되는 것을 직접 눈으로 보았고 다시 살아나신 것 또한 눈으로 직접 보았다. 이제 그들은 적 앞에 서 있다. 이것은 해피 엔딩으로 끝나는 듣기 좋은 종교 얘기가 아니다. 이들의 항거는 이들에게 큰 대가를 요구할 것이 분명했다. 그것이 죽음일 수도 있었다.

　　그들이 끊임없이 유대 당국자들의 마음을 휘저어 놓아서 얻을 게 무엇이었겠는가? 아무것도 없다. 그런데 왜 베드로와 요한은 그렇게 했는가? 그것은 이들에게 예수님과의 접속이 이것 외에 다른 아무 선택이 없게 했기 때문이다.

　　이들의 용기는 세상의 구세주를 직접 체험했다는 데 있다. '보고 들은 것'을 말하는 것, 그게 전부다. 이것이 하나님의 생각이라든지 하나님의 율례가 아니라 오직 그들이 3년 동안을 밀착하여 같이 살았던 한 사람에 대하여 보고 들은 것을 말하는 것이다.

　　하나님께서는 우리 역시 간접 체험만 하도록 남겨 두시지 않는다. 우리가 예수 그리스도를 직접 체험하면, 우뚝 서서 그것을 큰소리로 말할 용기를 가지게 될 것이다!

Character Tour

진실로, 당신은 베드로와 요한이 가졌던 용기로 설 수 있습니까? 주님을 더욱더 직접 체험하기 위해 당신의 삶에 어떤 일이 일어나야 합니까?

Day 8.
극렬히 타는 풀무

다니엘 3:16 - 18

사드락과 메삭과 아벳느고가 왕에게 대답하여 이르되 느부갓네살이여 우리가 이 일에 대하여 왕에게 대답할 필요가 없나이다 왕이여 우리가 섬기는 하나님이 계시다면 우리를 맹렬히 타는 풀무불 가운데에서 능히 건져내시겠고 왕의 손에서도 건져내시리이다. 그렇게 하지 아니하실지라도 왕이여 우리가 왕의 신들을 섬기지도 아니하고 왕의 세우신 금 신상에게 절하지도 아니할 줄을 아옵소서

느부갓네살과 같은 막강한 권좌의 이방 왕을 거부하는 것은 보통의 용기가 아니었다. 눈에 보이지 아니하는 하나님께 대한 흔들림 없는 신앙을 표현하는 크나큰 용기였다. 그러나 이것은 끔찍한 죽음에서 그들을 구해 주실지, 안 구해 주실지 모르는 하나님께 그들의 운명을 맡기는, 설명의 범주를 벗어나는 신앙의 발로였다.

하나님의 본질적인 속성에 대한 깊은 이해만이 불확실한 고뇌의 시기에 이런 확신을 이끌어낼 수 있다. 뒤범벅이 된 당신의 삶을 우리가 신뢰하기에 합당하신 하나님 손에 드리고 "원하시는 대로 하십시오…… 아무것도 상관없습니다. 따르겠습니다"라고 말할 때, 이 확신은 당신의 영혼에 다다를 것이다.

하나님을 분명하게 체험하고 "저의 상황이 어떠하든, 하나님을 신뢰합니다"라는 고백을 할 때, 영혼 속에서 뿜어져 나오는 용기를 체험해 보라.

오늘 당신이 직면하는 어떤 일에서 이런 타오르는 신앙의 용기가 필요합니까? 하나님께서 당신 앞에 두신 격렬한 시련에 들어설 수 있는 용기를 가지려면 당신의 믿음은 얼마나 고양(高揚)되어야 합니까?

Day 9.
하나님의 위대하신 구원

사무엘상 17:36-37

주의 종이 사자와 곰도 쳤은즉 살아 계시는 하나님의 군대를 모욕한 이 할례받지 않은 블레셋 사람이리이까 그가 그 짐승의 하나와 같이 되리이다 또 다윗이 이르되 여호와께서 나를 사자의 발톱과 곰의 발톱에서 건져내셨은즉 나를 이 블레셋 사람의 손에서도 건져내시리이다 사울이 다윗에게 이르되 가라 여호와께서 너와 함께 계시기를 원하노라

다윗이 도저히 불가능해 보이는 적들을 이겨 낸 경우를 가리켜 말한 것처럼 우리 역시 과거에 미래를 위해 나 자신을 준비시킨 경험들을 가지고 있다.

문제는 우리가 과거의 성공보다는 과거의 실패에 더 붙들려 있다는 점이다. 어려움을 극복해내지 못한 기억들이 마치 세탁 건조기의 실 보푸라기같이 우리에게 딱 붙어 있는 것이다. 이 실패의 기억들이 우리에게 들러붙어서 우리가 누구이며 무엇을 성취해 낼 수 있는지 자신의 이미지에 영향을 미친다.

'사자와 곰도 죽였던' 과거의 기억을 우리의 미래 속으로 이끌어 오기 위해서는 큰 훈련과 의지가 필요하다. 성령님께 오늘, 하나님이 당신으로 하여금 극복하도록 도와주셨던 시기의 기억들을 상기시켜 주실 것을 구하라. 그리고 그 기억들로 인해 오늘 용기를 얻으라.

당신 인생에 이런 승리의 경험이 있습니까? 당신은 과거의 실패가 서성이게 하겠습니까, 아니면 승리의 기억이 남아 있게 하겠습니까?

Day 10.
죽을 수 있는 용기

요한복음 11:16

디두모라고도 하는 도마가 다른 제자들에게 말하되 우리도 주와 함께 죽으러 가자 하니라

    도마의 어떤 체험이 그의 인생 행로에서 예수님과 함께 죽기를 원하는 지점에까지 이르게 했을까? 그가 예수님의 눈에서 무엇을 보았기에 이토록 주님을 사랑하게 되었을까? 무엇이 그의 마음을 이렇게 깊이 감동시켰기에 생명조차 돌보지 않게 만들었을까?

    이 해답은 용기의 비밀 속에 있다! 매일매일 예수님을 경험하는 것은 인생에서 붙들어야 할 가치 있는 것이 무엇인가에 대한 우리의 시각을 철저하게 바꾸어 놓는다. 도마가 확실히 알고 있었던 모든 것은 예수님을 잃을 수 없다는 것, 그것이 생명을 요구하는 일일지라도 예수님은 잃을 수 없다는 것이었다.

    굉장한 삶이지 않은가! 당신 안에 거하시는 성령님을 통해서 오늘 하루 전체를 예수님과 함께할 수 있다. 예수님이 오늘 속에 실제 하시기를, 예수님을 옆으로 밀쳐놓게 하는 추구하는 다른 것들을 내버릴 수 있도록 성령님께 구하라.

도마처럼 당신은 예수님께 대하여 철저합니까? 무엇이 당신을 예수님을 더 알게 하고 더 가깝게 동행하게 만듭니까?

제3과

당신의 용기는 접혀지는 것인가?

> 민수기 13-14장; 여호수아 1:1-9; 요한복음 21:15-19

　오늘날의 경제생활에서, 상품들이 추구하는 특징 중의 하나는 접을 수 있게 만드는 것이다. 접을 수 있는가? 더 작게 할 수 있는가? 이런 것들이 소비자들에게 중요한 궁금증이 되고 있다. 앉음새가 높은 의자들은 접을 수 있다. 핸드폰도 접히고 캠핑 장비들도 접을 수 있다.

　접을 수 있는 물건을 선호하는 가장 큰 이유 중의 하나는 사용하지 않을 땐 쉽게 접어 넣을 수 있기 때문이다. 편리함은 사람들이 추구하는 가치이다.

　오늘 우리가 하게 될 토론은 겉으로 보기에는 편의상 접을 수 있을 것 같은데 결코 접을 수 없는 것, 용기에 대해서이다. 어떤 대가를 치르더라도 바르게 하는 것 — 아무도 없이 혼자 설지라도 우뚝 서는 것 — 이것이 바로 용기이다. 사실 용기는 우리가 설 수 있도록 하나님이 주신 능력으로 정의할 수 있다.

　성품 탐방을 계속해 나가면서 용기가 정말 중요한 요소인 것을 알게 될 것이다. 인간의 성품은 우리의 내부적 구조가 밖으로 드러나는 것이다. 용기는 정말 그렇다. 용기는 우리 내면의 깊은 곳에서 나온다. 그런 것 같지 않은 사람이나 상황일수록, 용기 있는 행동이 더 놀랍고 더 주목하게 된다. 그리고 이런 상황일수록 용기 있는 행동을 요한다.

• 들어가기 Start It Up

용기는 우리가 흔히 발견하는 요소가 아니므로 언제라도 용기 있는 행동을 보면, 정말 돋보인다.

1. 최근 당신이 목격한 것 중에서 정말 큰 용기였다고 말할 수 있는 것은 무엇입니까?(책, 뉴스, 영화, 혹은 실화 중에서)

---

2. 당신이 한 일 중 가장 용감했던 일은 무엇입니까? 이것을 위해 당신이 극복해야만 했던 것은 무엇입니까?

• 펼치기 Talk It Up

우리의 성품 탐방은 이제 이스라엘 백성이 다다른 요단 강 언저리에 왔다. 약 백만 명의 이스라엘 백성이 이제 곧 약속의 땅으로 건너갈 채비를 하고 있다. 하나님의 택하신 백성들은 기적적으로 애굽의 노예 신분에서 풀려났다. 마음을 압도하는 많은 표적과 기사(奇事)가 일어났다. 말하자면 홍해가 갈라지고, 하늘에서 만나가 내려 그들을 먹이고, 그밖의 놀라운 이적들이 있었다. 이제 이들은 세계 역사상 가장 아연실색게 할 땅의 부동산 소유권을 마무리짓는 일에 임박해 있었으니 바로 약속하신 땅을 차지하는 일이었다!

부동산의 명의가 바뀌기 직전, 하나님은 우리가 상상하지 못하는 크고 놀라운 일을 행하신다. 모세를 신속히 부르셔서 유대 각 지파의 리더를 한 명씩 뽑아서 약속하신 그 땅을 샅샅이 정탐하도록 그들을 보내게 하신 것이다. 모세는 무엇을 조사하고 무엇을 가지고 돌아올지 자세히 일러서 특별한 임무와 함께 그들을 보냈다. 12명의 대표는 큰 용기를 가지고 떠나 40일 동안 그 땅을 탐지했다.

심상치 않은 보고(報告), 흔들리는 믿음

민수기 13장 26-33절

정탐꾼들의 보고는 아주 긍정적으로 시작되었다. 정탐해 온 땅의 과일을 보여주며 그 땅의 모든 것이 약속한 그 이상이라고 증언했다. 그래서 어떻게 되었는가? 그들은 자신들이 해야 할 일을 다하지 못했다. 보잘것없는 세 글자 '그러나' 앞에서 용맹스럽던 마음이 겁에 질린 마음으로 돌아서버렸다. 일단 두려움과 염려가 시작되자 거기에 사로잡히고 말았다. 이스라엘 백성은 투덜대며 우는 소리를 내고 용기는 꺾이고 상황은 나쁜 데서 점점 더 나빠졌다.

3. 하나님이 함께하신 엄청난 역사들이 있는데 지금 왜 이스라엘 백성이 두려워한다고 생각합니까?

민수기 13장 30절에서 한 가닥의 희망을 본다. 정탐꾼 12명 모두가 다 용기가 무너지고 그것을 버렸던 것이 아니다. 똑같이 성벽으로 둘러싸인 도시를 보았고 거인들의 발자국에 똑같이 발을 올려놓았던 12명 중 2명이 전혀 다른 시각을 가지고 돌아왔던 것이다. 성경은 갈렙이 이스라엘 온 회중을 안돈시켰다고 말한다. 놀라운 광경이었을 것이다.

분명히 갈렙은 이스라엘 백성에게 존경을 받는 사람이었음을 알 수 있다. 그의 확고한 입장과 긍정적인 말은 몇 분 간은 흔들리는 군중들을 붙들었을지 모르지만 오래가지 않았다. 다시 웅성웅성 불평소리가 들리고 사람들의 노하는 소리가 부풀어 오르고, 용기가 꺾인 이스라엘 백성들은 갈렙이 말할 때, 갈렙보다 뒤에 서서 팔짱을 끼고 머리를 흔드는 나머지 10명의 말을 더 따랐다. 용기는 당신을 사람들에게서 격리시키고 고독한 시간을 맛보게 할 수 있다.

"우리가 마치 메뚜기 같아 보였고 그들의 눈에도 우리가 그렇게 보였을 것이다." 이것은 참 재미있는 표현이다. 성경의 New American Standard Version은 "우리가 ······처럼 보였다"라는 말이 "우리가 ······처럼 되었다"로 번역되어 있다. 이것은 12명의 정탐꾼 중에서 10명의 용기가 사그라든 것을 증명한다. 다른 두 사람, 여호수아와 갈렙은 그 거대한 사람들의 크기를 부인하지 않았지만 똑같은 결론을 이끌어내지는 않았다. 여호수아와 갈렙은 크신 하나님을 바라보고 있었으므로 자신들을 조그맣게 여기지 않았다.

점점 거세지는 부정 심리의 확신

민수기 14장 1-4절

부정적인 심리는 산불과 같이 번진다. 사람들은 두려워하며 공포에 이르기까지 했다. 거의 어떤 사람이 "불이야" 하고 고함치는 것과 같은 지점에 이른 것이다. 이것은 부정적 심리는 정말 사람들에게 잘 먹혀들어가고 사람들은 이 심리에 쉽게 끌린다는 것을 보여준다. 인간에겐 긍정적인 태도보다는 부정적인 태도가 더 빨리, 더 쉽게 퍼진다. 우리는 모두 부정적 영역으로 가는 마차에 뛰어오를 자질을 다 가지고 있다. 이것은 인간의 죄성의 육신이 가지는 본성의 일부이다.

또한 부정적 심리는 그룹 스포츠임을 본다. 부정적인 사람들은 혼자 부정적이지 않는다. 혼자 부정적인 건 재미가 없다. 이것은 마치 우리가 '피라냐(piranha)의 먹이'가 되어 완전히 다 삼킬 때까지 부정적인 생각으로 치닫게 됨을 의미한다.

* piranha : 남미의 담수어. 떼지어 사람, 짐승도 잡아먹는다.

두려움이나 공포는 매우 강한 심리적인 요소로 이스라엘 백성들을 과대망상이 되게 했고, 그들은 의심하는 말을 하기 시작했다. 3절 말씀에서는 "어찌하여 여호와가 우리를 그 땅으로 인도하여 칼에 쓰러지게 하려 하는가"라고 말한다. 이스라엘 백성은 모세가 하나님과 한 편이 되어 자기들을 쓰러지게 하려는 것처럼 보았던 것이다. 이 백성들이 차라리 애굽으로 돌아가고 싶다고 말했을 때, 하나님과 모세가 얼마나 이들의 뺨을 치고 싶었을까? 쿠데타는 이미 예상되고 있었다. 믿음은 다 어디로 갔는가? 하나님께로의 충성은 어디에 있는가? 용기는 다 어디로 갔단 말인가?

4. 투덜대는 이유가 있을 수도 있습니다. 어쨌거나 그곳은 약속의 땅이었습니다. 그들은 이 땅을 쉽사리 점령할 것으로 생각했을까요? 그들이 왜 그렇게 느꼈다고 생각합니까?

---

5. 당신이 생각했던 것보다 점령이 어려웠던 당신의 '약속된 땅'은 무엇이었나요?

하나님은 용감한 자에게도 비겁한 자에게도 응답하신다

민수기 14장 5-12절

이 구절은 우리가 볼 수 있는 최고의 리더십 중의 한 예를 보여준다. 반란과 혼돈의 극치에서 모세와 아론, 갈렙과 여호수아가 취한 태도는 하나님을 등진 백만 명보다 강함을 입증했다. "모세와 아론이 이스라엘 자손의 온 회중 앞에서 엎드린지라." 모세와 아론은 하나님을 큰소리로 부르며 비탄하여 그들의 옷을 찢었다. 거기 있는 모든 백성들을 대신하여 회개했다. 하나님의 은총과 하나님께서 이 상황에 개입해 주실 것을 '동역자' 하늘의 아버지께 간청했다.

이스라엘 백성들의 생각은 과연 무엇이었을까? 리더의 반응에 대해서 무엇을 할 수 있었을까? 모세와 아론, 그리고 두 명의 신실한 정탐자 여호수아와 갈렙은 백성들 앞에서 정당성이 입증된 자부심이 대단했을 것이다. 그런 자부심으로 백성들을 대하고 싶은 강한 유혹이 분명 있었을 것이다. 그들의 능력을 과시해 보이거나 백성들에게서 돌아설 수도 있었다. 그러나 이들은 하나님 앞에 인간으로서 절대적인 연약함뿐만 아니라 자신들의 힘이 아닌 하나님의 능력에 전적으로 의지함을 보여드렸다.

6. '믿음이 충만한' 이 리더들의 반응이 당신이 행했거나 혹은 당신이 본 리더십과 어떻게 다릅니까?

---

7. 이런 리더십이 세상에서 보기 드문 이유는 무엇일까요? 이런 리더십을 위하여 인간의 성향이 극복해야 할 핵심적인 것은 무엇이라고 생각합니까?

겁먹은 군중에 대한 하나님의 반응을 예의 주시하라

민수기 14장 10-35절 읽기

액션 영화의 주인공처럼, 하나님께서 나타나시고, 권총이 불을 뿜고 일이 시기에 딱 들어맞게 일어났다. 하나님께서 마치 이 믿음의 네 사람에게 "네가 너희를 지지하노라"고 말씀하시는 것 같다. 우리는 하나님께서 용기와 겸손이라는 역설적인 혼합에 이끌리시는 것을 본다. 그들이 얼굴을 땅에 대고 하나님 앞에 엎드렸을 때, 그것은 용기와 겸손이었다.

그들은 약속된 축복의 언저리에 와 있었다. 그 땅의 냄새도 맡을 수 있었다. 그러나 하나님께서는 "노(No)! 너희는 들어갈 수 없노라"고 말씀하셨다. 그들이 하나님을 반역한 만큼 똑같은 분량으로 그들을 내쫓고 하나님을 거역한 대가를 받게 하셨다. 내려진 선고는 '하나님께서 그들에게 약속의 땅을 보여 주시고 이스라엘이 하나님의 약속으로부터 얼굴을 돌린 날수의 하루를 일 년으로 계산

하여 그 날수만큼 광야에서 유리(遊離)하리라' 였다.

40년! 하나님께서는 그분의 능력을 이스라엘 앞에 충분히 보여주셔서 이스라엘 백성이 하나님을 믿는 일을 확실하게 하셨다. 하나님께서는 불가항력의 전투에서 그들이 이길 수 있게 용기를 가지고 적과 대항하도록 그들을 도우셨다. 그들의 용맹이 오그라든 것은 믿음의 미약함 때문이었지 그 땅의 자손 아낙 거인들의 크기 때문이 아니었다. 그들의 영적인 눈이 감겨 있어서 그 땅의 무지하게 큰 포도송이가 상징하는 약속된 축복을 보지 못했던 것이다. 그들이 적(敵)에게서 본 것은 그 반대의 것뿐이었다.

8. 하나님의 반응이 정당하고 일리가 있어 보입니까? 왜 바로 그때 하나님이 큰 이적을 베푸셔서 이스라엘 백성이 충분한 믿음을 갖고 앞으로 나아가도록 하지 않으셨을까요?

---

9. 자신의 경험에서 하나님께서 바르게 하시고 준비하시는 기간으로 당신을 '광야로 되돌려 보내신' 곳이 있었습니까? 그 결과는 당신 인생에서 무엇이었습니까?

그리스도인의 성품 탐방

또 한 번의 기회와 용기를 위한 또 한 번의 부르심

여호수아 1장 1-9절 읽기

40년을 후딱 지나 용기가 어떻게 보상되는지를 보자. 이스라엘 백성은 이제 또다시 약속하신 땅의 언저리에 자리잡았다. 마치 데자뷰(dejavu)처럼 모든 것이 똑같이 되풀이되었다. 오직 때가 그때가 아닐 뿐이었다. 지금은 완전히 새 세대로서 용기의 무훈을 딴 두 명의 위대한 영도자 갈렙과 여호수아가 이끌어온 새 그룹이다. 하나님을 거역했던 모든 성인들은 광야에서 죽었고 약속하신 땅의 맛을 보지 못했다.

하나님은 그 약속하신 땅에 대하여 당신이 말씀하신 것을 지키시고 이행하실 준비를 하고 계셨다. 하나님 앞에 섰던 무리들이 비록 광야에서 본성을 다 드러냈지만 징계와 순종을 배우고 하나님은 여전히 그들을 당신 옆으로 이끄시면서 용기를 가지도록 도전하셨다. 하나님이 약속하신 땅을 받아들이는 일에도 거대한 용기가 필요했던 것이다.

10. 왜 하나님은 그렇게도 여러 번 "강하고 담대하라"는 말씀을 반복하실까요?

11. 광야 40년 동안에 달라진 이스라엘의 태도는 하나님의 마음과 그분이 중요하게 여기시는 것에 대해 무엇을 보여줍니까?

• 올려드리기 Lift It Up

때때로 우리는 자신을 용기 있는 사람으로 여기기엔 너무나 비겁한 결정을 내린다. 그러나 하나님은 당신의 시각을 그렇게 쉽게 바꾸시지 않는다. 마태복음 26장 31-35절에서 시몬 베드로의 예를 보라. 그는 예수님께 무슨 일이 있어도 예수님 편에 설 것이며 용감한 자가 될 것을 약속한다. 그러나 그의 용기는 꺾였고 자신의 '약속된 땅'을 피했다. 그러나 요한복음 21장 15-19절에서 비겁한 행동 이후 예수님께서 완전히 그를 회복시키시고 고뇌와 싸우는 다른 사람들을 용기로 이끌어 주는 리더로 세우시는 것을 볼 수 있다.

12. 당신은 삶의 어떤 영역이 강하고 담대해질 필요가 있다고 생각합니까? 당신이 불안해하고 두려움을 느끼는 것은 어떤 이유에서입니까?

서로를 위해 기도하되 하나님께서 당신을 이끄시는 곳으로 들어갈 수 있는 용기로 충만하도록 기도하라. 당신 앞에 서 있는 '거인'과 '요새화된 성채'에 대해서 솔직하자. 기도하면서 당신 편에 함께 설 사람들에게서 용기를 빌려오라.

나의 기도 요청

그룹의 기도 요청

Day 1. 끝까지 달려야 할 경주

사도행전 20:22-24

보라 이제 나는 성령에 매여 예루살렘으로 가는데 거기서 무슨 일을 당할는지 알지 못하노라 오직 성령이 각 성에서 내게 증거하여 결박과 환난이 나를 기다린다 하시나 내가 달려갈 길과 주 예수께 받은 사명 곧 하나님의 은혜의 복음을 증언하는 일을 마치려 함에는 나의 생명조차 조금도 귀한 것으로 여기지 아니하노라

바울의 비밀 가운데 하나는 하나님께서는 그분이 시작하신 일을 분명히 끝마치신다는 흔들림 없는 그의 신념이었다. 바울은 마치 이렇게 말하는 것 같다. "이 모든 것이 다 하나님의 계획이시오니 원하시는 대로 마치시옵소서."

영적 여정을 걸어 나가는 중에 하나님이 원하시는 것을 내가 하고 있다는 확신이 분명히 들 때가 있다. 그래서 이기고, 지고, 비기고 이 모든 인생에서 일어나는 일들을 오직 하나님이 뜻하시는 바에 맡기게 된다.

우리가 애쓰는 모든 일에는 우리가 좌우하지 못하는 부분이 있고 또 하나님께서 좌지우지 하시지 않는 부분이 있다. 우리의 행위가 언제나 하나님께 순종하도록 하나님께서 좌지우지 하시지 않는 것은 이것을 우리에게 맡겨 놓으셨기 때문이다. 우리의 모든 수고의 결과에 대해서 스스로가 보장하지 못하는 것은 그 결과가 하나님께 달려 있기 때문이다.

하나님께서 오늘, 당신의 직장생활에서 당신이 무엇을 하기 원하십니까? 가정생활에서, 사회생활에서, 신앙생활에서는 어떻습니까? 당신에게 무슨 일이 일어날지 모르지만 그 결과를 하나님께 맡기고 하나님을 신뢰합니까?

Day 2.
하나님께 나아가는 담대함

창세기 18:23, 25b

아브라함이 가까이 나아가 이르되 주께서 의인을 악인과 함께 멸하려 하시나이까……부당하니이다 세상을 심판하시는 이가 공의를 행하실 것이 아니니이까

    살아 계신 전능하신 하나님께 완전히 허심탄회하고 정직한 마음으로 나아간다는 것은 큰 용기를 필요로 한다. 아브라함은 소돔 성을 위해 중재하면서, 그 성을 멸하시려는 하나님의 계획에 대해 자신의 혼란한 마음과 갈등을 그대로 다 하나님께 고백했다.

    인용된 이 성경구절을 읽으면서 우리는 아주 흥미로운 하나님의 성품의 한 단면을 보게 된다. 불변의 신(神)이심에도 불구하고 하나님은 유연성이 있으시다. 의로운 사람에게 감동하시고 결백한 자들을 위해 기꺼이 그들과 하나님과의 중간에 서는 긍휼한 마음에 감동하시는 분이시다. 아브라함은 하나님의 마음에서 부드러운 곳을 보았다. 그리고 하나님의 마음에 대해 그 무엇을 알게 되었다. 하나님께서는 당신께 순종하는 그분의 자녀들과 솔직하고 용감한 대화를 나누시는 거대한 포용력을 갖고 계신다.

    당신이 더욱더 허심탄회하고 정직한 마음으로 하나님께 나아간다면 어떤 기도를 드리겠습니까?

Day 3.
의인의 의연함

잠언 28:1
악인은 쫓아오는 자가 없어도 도망하나 의인은 사자같이 담대하니라

혹자는 이렇게 말한다. "진실을 말할 때 구태여 좋은 기억을 떠올리려 애쓸 필요가 없다." 당신을 붙드는 거짓말을 염려하지 말라. 자신 있게 걷기만 하라.

오늘 불확실한 기분, 염려, 근심이 마음에 일어난다면 혹시 하나님께 다 고백하지 않은 죄가 있는지, 하나님을 거역하는 것이 마음에 없는지 살펴보라. 어떤 한 사람과의 관계가 부서진 것조차 믿음의 활보에 불안감을 끼칠 수 있다. 관계를 바르게 하고 당신 내면에 자신감의 파도가 밀려들도록 하라.

당신이 하나님께 구하기만 하면, 하나님은 어떤 감추어진 죄라도 드러내 보이신다. 그러므로 구하고, 그것을 처리하고 그것을 떠나라.

당신은 사자와 같은 담대함이 있습니까? 없다면, 당신을 붙잡는 어떤 죄의 영역이나 해결되지 않은 갈등이 있습니까?

Day 4. 하나님의 보좌 앞으로 나아가는 담대함

히브리서 4:16

그러므로 우리는 긍휼하심을 받고 때를 따라 돕는 은혜를 얻기 위하여 은혜의 보좌 앞에 담대히 나아갈 것이니라

친밀하고 오래 지속되는 관계 속에 있는 큰 가치 중의 하나는 나를 아주 잘 아는 사람이 변함없이 나를 깊이 사랑하고 있다는 확신이다. 이 땅에서 갖는 이런 관계는 현실 속에서 하나님을 체험할 수 있는 한 줄기 섬광이다.

생각해 보라. 모든 것을 아시는 하나님, 하늘의 보좌에 계시는 하나님이 나 자신조차 분명하게 보지 못하는 모든 구석구석을 보시면서 나의 가장 친한 친구보다 수천 배 더 나를 사랑하고 있다는 사실을 말이다.

하나님은 모든 방법을 다 동원하셔서 하나님이 당신을 알고 계시고, 사랑하시고, 자주 하나님께 다가오기를 원하신다는 것을 알리려고 하신다. 하나님은 진정으로 자비와 은혜로 당신을 감싸려고 하실 뿐 아니라 당신이 담대하게 하나님 앞으로 나아와 이런 축복을 받아 누리기를 원하신다.

당신은 얼마나 자주 하나님의 보좌는 심판의 보좌이기보다 은혜의 보좌라는 것을 생각합니까? 당신을 향한 하나님의 측량할 수 없는 사랑을 다 알지 못해서 당신이 놓치고마는 하나님의 자비와 은혜는 과연 얼마만큼일까요?

Day 5. 사랑엔 두려움이 없나니

요한 1서 4:18

사랑 안에 두려움이 없고 온전한 사랑이 두려움을 내쫓나니 두려움에는 형벌이 있음이라 두려워하는 자는 사랑 안에서 온전히 이루지 못하였느니라

결코 갚지 못할 빚에 눌려 있는 기분만큼 우리의 자신감을 침식하는 것도 없다. 우리의 적, 사단은 끊임없이 "기다려, 아버지가 집에 오실 때까지"라는 거짓말로 우리의 자신감을 깎아내리려고 시도한다. 사단은 우리 마음에 하나님 아버지께 대한 두려움이 스며드는 것을 좋아한다. 끈질기게 결코 죄 용서를 받지 못할 것 같은 두려운 마음이 들게 한다.

예수님을 따르기로 작정하고 하나님의 완전한 사랑으로 가득 채워진 우리에게 어길 수 없는 언약은 이것이다. 죄의 값은 완전히 다 갚았다! 우리가 하나님 앞에 설 때, 우리가 치러야 할 것은 하나도 없다! 우리는 자유로이 하나님을 경배할 것이다. 오늘 하나님께 이 사랑으로 채워주시길, 이 사랑 외에 다른 것을 위한 자리는 하나도 없도록 충만하게 당신을 채워 달라고 구하라.

당신은 당신의 빚을 '완전히 갚은' 영수증을 기꺼이 받아들입니까? 당신을 향한 하나님의 완전하신 사랑을 자신의 것으로 더 내면화하자면 어떻게 해야 합니까?

Day 6. 사랑을 완전히 이루라

신명기 6:5
너는 마음을 다하고 뜻을 다하고 힘을 다하여 네 하나님 여호와를 사랑하라

우리의 삶에 있는 죄의 얼룩으로 말미암아 우리는 순수하게 사랑할 수가 없다. 그러나 예수님께서 십자가 상에서 죽으실 때에, 죄의 얼룩이 깨끗이 씻겨졌다. 따라서 우리가 남을 잘 사랑하기 원한다면 먼저 하나님을 사랑하는 것을 배움으로써 시작해야 한다. 우리가 하나님을 사랑하고 그분의 사랑이 우리 속에서 역사하시는 것을 체험함으로써 그 사랑이 우리 주위의 다른 사람을 향해 흐르게 된다.

깊이, 철저히 사랑할 수 있는 우리의 사랑의 능력은 죄로 말미암아 손상되었다. 하나님은 지칠 줄 모르고 우리 속에서 그것을 회복하시기 위해 일하신다. 그분을 사랑하는 우리의 사랑이 필요해서가 아니라 우리가 사랑을 완전히 이루기 위해서는 그분을 사랑하는 것이 필요하기 때문이다. 우리가 하나님을 사랑하는 이 사랑은 세상 모든 다른 일들에도 열쇠가 되므로 정말 중요한 것이다.

어떻게 함으로 우리는 마음을 다해 하나님을 사랑할 수 있을까요? 어떻게 함으로 나는, 내 주위에 있는 사람들을 더 사랑할 수 있을까요?

Day 7.
할례받은 마음

신명기 10:14-16

하늘과 모든 하늘의 하늘과 땅과 그 위의 만물은 본래 네 하나님 여호와께 속한 것이로되 여호와께서 오직 네 조상들을 기뻐하시고 그들을 사랑하사 그들의 후손인 너희를 만민 중에서 택하셨음이 오늘과 같으니라 그러므로 너희는 마음에 할례를 행하고 다시는 목을 곧게 하지 말라

    하나님이 당신 옆을 떠나시지 못하는 것은 특별히 할 일이 없어서가 아니다. 하나님은 당신을 사랑하기로 작정하셨다. 하나님은 속지 않으실 뿐 아니라 서둘러 결정을 내리시지도 않는다. 하나님은 당신이 이 땅에 태어나기 훨씬 전부터 사람들을 사랑해 오셨다.

    구약에서 할례는 하나님의 백성이 그분께 헌신을 다짐하는 외부적 표현이었다. 그러나 하나님께서 택하신 백성들에게 가장 원하셨던 것은 그들의 마음에 행하는 내면적 표시 즉 순종으로 증명되는 것임을 상기시켜 주셨다. '목을 곧게 하는' 하나님께 대한 거역은 마음의 상태가 치료를 필요로 한다는 것을 의미한다.

    정직하게 말해서, 하나님께 실망한 어떤 경험을 우리는 다 가지고 있다. 실망에 대한 인간 본성의 자연스런 반응은 심정이 참담해지고 따라서 우리의 감정을 방어하고 자신을 보호하려고 하는 저항감이 일어나는 것이 사실이다. 이 결과가 하나님께 대한 거역을 만든다. 당신 마음속에 있는 모든 감정의 불순물들을 씻어 달라고 구하라.

    하나님께서 당신을 사랑하실 것을 선택하시고 그분의 사랑을 아낌없이 주시기 위하여 당신을 창조하셨다는 사실이 어떤 느낌을 줍니까? 당신 삶에서 어떤 방을 깨끗이 청소할 필요가 있습니까?

Day 8.
거룩하신 보호

시편 91:14-16

하나님이 이르시되 그가 나를 사랑한즉 내가 그를 건지리라 그가 내 이름을 안즉 내가 그를 높이리라 그가 내게 간구하리니 내가 그에게 응답하리라 그들이 환난 당할 때에 내가 그와 함께하여 그를 건지고 영화롭게 하리라 내가 그를 장수하게 함으로 그를 만족하게 하며 나의 구원을 그에게 보이리라 하시도다

이러한 사랑과 함께하면서 하나님께 온전히 헌신된 자들은 하나님과의 강력한 계약에 들어가게 된다. 하나님께서 계약서에 서명을 하시고 나면, 하나님은 천지 창조의 모든 자원으로 그분을 사랑하는 우리의 조력자가 되는 책임을 지게 되는 것이다.

물론, 우리는 이 계약서에서 예수님의 약속인 "이 세상에서 너희가 고난을 받으리라"고 한 말씀도 받아들여야 한다. 이것은 우리가 고통이나 실망을 경험하지 않는다는 것이 아니다. 오히려 우리가 그러한 시련을 혼자 당하지 않을 것이라는 의미이다. 그리고 하나님께서 우리에 대한 보호를 약속하셨으므로 우리가 완전히 실패해버리는 일은 결코 없다.

계약서 상에 있는 우리의 역할은 우리의 일생을 통해서 점점 더 하나님을 사랑해 가는 것을 배우는 것이다. 얼마나 큰 특권인가!

정말 당신은 하나님을 사랑한다고, 그리고 그분께 헌신했노라고 말할 수 있습니까? 이것이 당신 주변의 사람들과 하나님께도 분명합니까? 하나님의 하늘 보좌로부터 내려오는 보호를 감사합시다.

Day 9.
우리를 들으시는 하나님께 대한 사랑

시편 116:1-2

여호와께서 내 음성과 내 간구를 들으시므로 내가 그를 사랑하는도다 그의 귀를 내게 기울이셨으므로 내가 평생에 기도하리로다

혼잡하고 시끄러운 방 안에서 누군가의 말을 들으려고 애쓰다가 맥이 빠진 경험이 있는가? 참 다행스럽게도 하나님은 우리의 목소리를 듣고 싶어하시고 그분의 모든 피조물들을 동시에 들으실 수 있는 능력을 갖고 계신다.

누군가 내 말을 들어주는 것보다 더 내게 관심 있다는 느낌을 주는 일은 드물다. 단지 인내심으로 내 말을 들어주는 것이 아니라 내가 말하는 모든 것을 정말 즐거워하면서 들어주는 경우 말이다. 하나님께서 정말 우리를 들으신다는 것을 믿는 일은 그리 쉽지 않다. 이 이유 때문에 성경이 온통 하나님과 커뮤니케이션을 한 사람들의 이야기와 설명들로 가득 차 있는지도 모른다.

우리가 하나님과 교통하고 있다는 것을 알고 믿는 데서 오는 유익이 몇 가지 있다. 그 중에서도 중요한 것은 우리가 하나님과 대화하는 습관을 가지게 된다는 점이다. 그리고 우리의 커뮤니케이션은 하나님이 원하시는 바이고, 또 하나님께서 소중하게 여기신다는 것을 알게 되는 것이다.

하나님께서 오늘 당신의 마음을 살피시고 당신의 믿음의 수준이 어디쯤인지 보여주시기를 구하십시오. 정말 하나님께서 당신의 모든 말을 들으시는 것을 믿습니까? 당신의 믿음의 분량을 인정하고, 회의가 드는 신앙을 도와달라고 기도하십시오.

Day 10. 하나님의 선하신 목적

로마서 8:28
우리가 알거니와 하나님을 사랑하는 자 곧 그의 뜻대로 부르심을 입은 자들에게는 모든 것이 합력하여 선을 이루느니라

혹시 이 성경구절 때문에 아픈 곳이 더 아프게 자극되었던 적은 없는가? 이 말씀은 사면초가에 처해 있는 사람에게 누가 달갑잖은 웃음을 지으면서 한 마디 해주는 종교적인 말 혹은 위로해 주는 듯한 느낌으로 사용될 때가 많다.

조심스런 상황 판단 없이 우리는 이 말씀을 잘못된 방향으로 빗나가게 한다. 우리의 생각은 모든 문제가, 모든 도전적인 일들이 결과적으로는 해결되리라는 것으로 잘못 발전될 수 있다. 그러나 세상 일이 그렇지 않음을 우리는 경험으로 안다. 참 실망스럽고 슬프기까지 하지만 선한 자가 언제나 승자가 되는 것이 아닌 현실을 우리는 안다.

그러나 이 성경구절은 이것을 말하는 것이 아니다. 우리를 향하신 하나님의 사랑으로 말미암아 그분은 우리 삶의 모든 상황에 함께 계시며, 그것으로부터 어떤 좋은 것을 가져올 것을 확신시켜 주신다. 하나님의 사랑과 능력은 그것이 얼마나 고통스러운가에 상관없이 모든 삶의 경험이 더 깊고 더 원대한 목적을 가질 수 있다는 것을 보장한다. 오늘, 당신 삶의 여정에 하나님을 온전히 맞아들임으로써 그분의 목적을 성취하시게 하라.

당신 삶을 향하신 하나님의 목적을 신뢰합니까? 힘들 때에라도?

제4과

당신 안에 하나님의 사랑이 넘치는가?

호세아 1-3; 요한1서 4:4-19

사랑은 인구(人口)에 가장 많이 회자되고 가장 추구하고 또 성경에서 가장 잘못 이해되어지는 성품 중의 하나이다. 사랑은 하나님이 누구이신가를 보여주는 중심되는 말로서 요한1서 4장 8절에서 밝힌 대로 정말이지 "하나님은 사랑이시다." 역사를 통틀어 하나님이 취하신 행동이 사랑을 정의하고 있다. 이것은 밸런타인 데이(Valentine's Day)의 카드나 초콜릿처럼 달콤하고 솜털같이 가볍고 보드라운 것이 아니다. 사랑은 질기고, 모래같이 거칠고 때로는 논쟁과 물의를 일으키기도 한다.

구약성경 속에 나오는 러브스토리의 커튼을 젖혀보면, 거기에는 죄와 배신과 믿어지지 않는 체념이 가득하다. 하나님께서 사랑이라는 이름의 커뮤니케이션을 위하여 참된 삶의 드라마를 펼쳐 보이시고 그것이 우리의 무릎을 불신앙에서, 감사와 경외의 기도로 몰아가는 것을 본다.

호세아라는 이름의 한 남자와 단정치 못한 부인 고멜과의 러브스토리는 하나님께 반역하는 이스라엘 백성들을 향하신 하나님의

그리스도인의 성품 탐방

마음을 드러내고 있다. 동시에 오늘날 하나님을 따르는 우리 한 사람, 한 사람을 향하신 그분의 길이 참으시는 사랑을 보여준다. 호세아와 고멜의 러브스토리는 아주 실제적이지만 하나님은 이 이야기를 통해서 오늘 우리와 하나님과의 관계의 그림을 보여주시고자 하셨다.

• 들어가기 Start It Up

사랑은 놀라운 경험인 동시에 깊은 고통이다

1. 첫사랑을 기억합니까? 그 사람 옆에 있을 때, 느낌이 어떠했습니까?

---

2. 반응이 없는 대상이나 물체에 첫사랑을 주었던 기억은 어떤 것입니까?

제4과 당신 안에 하나님의 사랑이 넘치는가?

Character Tour

• 펼치기 Talk It Up

성품 탐방의 이번 역에서 당신은 가장 마음이 끌리고 가슴이 따뜻해지리라는 기대를 할지도 모른다. 하지만 사실은 가장 힘들고 가슴 찢어지는 경우가 될 수도 있다. 이 단원을 공부한 후에 우리는 참 사랑이 어떤 것인가를 알게 될 것이다. 이 러브스토리에서 우리는 우리 자신을 보게 되고, 아마도 우리가 본 그 모습을 좋아하지 않겠지만 하나님에 대해서 보고, 우리가 본 하나님의 모습을 사랑하게 될 것이다.

호세아는 적어도 이스라엘 사람들이 그들의 안목에서 볼 때는 호황이던 때에 이스라엘을 심판하시기 위한 선지자로 부름을 받았다. 이스라엘 백성들의 형편이 자못 좋았으므로 하나님께로 이들의 주의를 돌리기 위해서는 하나님으로부터 어떤 극적인 것이 일어날 필요가 있었다. 그들은 두 가지를 알았어야 했다. (1) 하나님께 대한 그들의 반역이 심판을 받으리라는 것, (2) 하나님께서 그들과 흥미진진하고 친밀한 관계를 추구하고 계셨다는 것이다.

부정하고 배은망덕한 연인

호세아 1장 1-11절 읽기

애초부터 호세아는 이 사랑이 동화같이 아름다운 전형적인 러브스토리가 되지 않을 줄 분명히 알았을 것이다. 그는 이미 평판이 나빠진 여자와 결혼하라는 명령을 받았다. 이 러브스토리는 우리에 대한 하나님의 사랑을 모방한 것이기 때문에 왠지 낯설게 들리지 않는다. 로마서 5장 8절에서 "우리가 아직 죄인 되었을 때에 그리스도께서 우리를 위하여 죽으심으로 하나님께서 우리에 대한 자기의 사랑을 확증하셨느니라"고 하셨다. 우리가 사랑을 받기에는 너무나 거리가 멀어도 하나님은 우리를 사랑하신다.

3. 왜 하나님께서는 호세아에게 간부(姦婦)와 결혼하라고 하셨을까요? 이것이 결혼에 대하여 우리가 알고 있는 하나님의 관점과 어떻게 부합합니까?

진정한 사랑이 추구하는 신실함

호세아 2장 2-5절 읽기

자신을 호세아의 입장에 한번 놓아보라. 호세아, 그는 이 땅에서 가장 아름다운 여인과 결혼을 했다. 이름은 고멜, 근사한 여자였음에 틀림없다. 그런데 돌연, 그 여자가 아무 경고도 없이 호세아에게서 돌아섰다. 그녀가 호세아에 대하여 정숙하지 않았던 동안에도 호세아는 끊임없이 참고 사랑을 보였음에도 고멜은 그에게서 등을 돌리고 그의 곁을 떠나버린 것이다.

Character Tour

이 이야기에서 보게 되는 한 가지 사실은 우리가 하나님에게서 도망치려고 해도, 결국은 곧장 하나님의 품 안으로 달려가는 결과가 된다는 것이다. 우리는 다 이런저런 모습으로 하나님을 등지고 떠나버린 고멜이다. 그러나 우리에게 자격이 없음에도 불구하고 하나님은 우리를 사랑하신다. 하나님이 우리를 사랑하시는 것에 대해서 말하자면 인간적으로 수긍이 가고 이해가 되는 그런 사랑이 아니다. 그분은 우리에 대해 열광적인 애정을 품고 계시며 그런 심정으로 우리를 찾으시며 당신께 돌아오라고 호소하신다.

4. 호세아는 고멜을 뒤쫓고, 고멜은 계속 달아납니다. 우리가 하나님에게서 도망하고 돌아가기를 거부할 때, 하나님은 어떻게 하실까요? 당신의 삶에서 이런 경우, 하나님은 어떻게 하셨습니까?

호세아 2장 6-13절 읽기

정숙하지 않은 고멜의 배반에 대해 하나님께서는 애정어린, 그러나 단호한 방법으로 대처하셨다. 우리가 자기 파괴적인 행동을 거듭할 때, 그것을 막기 위하여 하나님이 사용하시는 방법은 세 가지다. 이것을 공부해 가면서 오늘 우리의 삶 속에서 하나님이 어떻게 일하시는지 한번 생각해 보자.

가시로 막아서 선회(旋回)시키시는 방법

호세아 2장 6절에서 보는 대로 첫 번째는 우리의 거역을 가시덤불로 막으신다. 최근에 우리 가족은 등반을 갔다. 산길을 따라 걸으며 숲 속으로 깊이 들어갔다. 강가의 바위들을 뛰어넘고 우리를 둘러싸고 있는 자연의 아름다움과 여유를 즐겼다. 시간이 점점 늦어져 돌아가야 하는데 방향을 찾는 일에 어려움이 있었음에도 불구하고 나는 "나만 따라와, 길을 찾을 수 있어"라고 가족들에게 장담했다.

밖으로 나가는 대신, 나는 가족들을 찔레 밭 속으로 데리고 들어갔다. 가시에 긁히고 가시가 피부를 찔렀다. 밀고 들어갈수록 고통과 신음만 나왔다. 길은 가시덤불로 막혀 우리는 꼼짝없이 갇혀버렸다. 결국, 왔던 길로 되돌아가기로 결정하고는 가시덤불 길에서 돌아선 후, 우리는 길을 바르게 찾았고 차가 있는 곳까지 돌아올 수 있었다.

고멜처럼 우리가 하나님에게서 도망가고 죄를 뒤쫓을 때, 하나님은 고통스러운 가시덤불로 우리를 가로막으신다. 그리고 우리가 선택한 길의 결과를 경험하게 하신다. 오직 하나님의 사랑하심 때문에, 하나님께로 돌아오도록 우리가 잘못 가는 것을 막지 않으시고 내버려 두실 수 없는 것이다. 우리를 가로막으셔서 다행히 하나님께로 돌아서기를 원하시는 것이다.

5. 고멜이 도망하여 만난 '가시'는 어떤 것이었을까요?

----

6. 당신의 삶에서 하나님이 가시덤불로 막으신 예는 어떤 것이 있습니까?

무정하게 제하시는 자원

가끔 가시덤불도 우리를 막기에 역부족일 때가 있다. 가시덤불은 고멜을 막지 못했다. 호세아 2장 7-8절에서 보듯이 그녀는 호세아를 떠나 계속 다른 남자들을 좇았다. 하지만 그녀가 원했던 것이 교묘히 그녀를 피해 다녔다.

가시덤불이 듣지 않을 때, 하나님께선 무기의 강도를 높이신다. 호세아 2장 9절 말씀에 하나님께서 어떻게 고멜이 먹고 살아가는 물질의 자원을 제하셨는지 나온다. 그녀는 하루하루를 겨우겨우 먹고 살게 되었다. 드디어 그녀는 심각한 지경에 빠진 것이다. 빚을 지고 정신 차리기엔 때가 너무 늦었다. 갈 곳이 없었다. 그녀는 부정(不淨)했으나 뉘우치지 않았다. 성경은 그녀를 고통당하는, 물질적으로는 빈털터리가 되고 파산한, 너더리나는 여자로 묘사하고 있다.

7. 호세아가 왜 고멜을 돌보기를 포기했을까요? 동기가 무엇이었다고 생각합니까?

고멜은 자포자기 상태가 되어 자신을 노예로 팔기에 이른다. 노예 경매장은 끔찍한, 인간 이하의 경험이 있는 곳이다. 그녀는 옷을 벌거벗기고 노예로서의 값을 매기는 동안 많은 사람들 앞에 서 있어야 했다. 고멜은 이제 밑바닥에 온 것 같다. 자유를 위하여 호세아를 떠났는데 자신을 노예로 팔 수밖에 없는 지점에 이른 것이다. 이 아이러니는 괴롭지만 오늘날 우리에게도 마찬가지이다. 우리는 모두 이런저런 모습으로 '하나님을 떠난 고멜'이다. 고멜의 묘사는 우리를 넌더리나게 하지만 죄가 우리 삶에서 일으키는 것, 점진적으로 파괴에 이르는 과정을 적나라하게 보여주고 있다.

8. 이 지점에서 고멜이 자기 인생과 자기의 선택에 대해 어떤 기분을 느꼈을까요? 당신은 하나님을 거역하고 죄를 범한 이후 어떤 느낌이었습니까?

하나님의 은혜로운 붙드심

호세아 3장 1-3절 읽기

고멜의 거역이 계속된다. 우리를 당신께로 되돌리기 위한 그분의 세 번째 방법을 보자. 이는 그분의 자비하심으로 우리를 끌어안는 하나님의 은혜이다. 하나님께서 "가서 너의 아내에게 네 사랑을 다시 보여주라"고 하셨을 때, 호세아는 솜방망이로 한 방 맞은 기분이었을 것이다. 근본적으로 이 말씀은 "가서 너의 아내를 노예상에게서 다시 사와서 그녀를 다시 회복시키라"는 말씀이었다. 호세아가 이것을 어리석은 짓이라고 생각했다고 해서 누가 놀라겠는가? 우리라도 다 거세게 반대할 것이다!

호세아가 군중들의 뒤에 서서 "이렇게 하는 나를 내가 이해할 수가 없어"라고 자신에게 말하는 광경을 한번 생각해보라. 그리고 거기에 고멜이 더러운 모습으로 재정적으로는 파산하여 자신을 노예로 팔기 위해 사람들 앞에 서 있다. 그녀는 자신의 구원자가 그녀의 자유를 사기 위해 군중들의 뒤에 서 있다는 것을 알 턱이 없다.

당신이 해피엔딩 스토리를 원하는 자라면 이 얘기가 그런 얘기다. 호세아, 멋대로 하는 당신의 백성들에 대한 하나님의 사랑을 대변하는 사람, 그가 앞으로 나아가 모든 사람들 앞에서 자존심을 내려놓았을 뿐 아니라 열심히 일하여 번 돈으로 놀랍게도 고멜의 생명을 되찾아 주었다.

9. 이 과정에서 호세아에게 가장 어려웠던 것은 어떤 부분이었을까요? 당신이 호세아의 입장이라면 무엇이 가장 힘들었겠습니까?

• 올려드리기 Lift It Up

성품 탐방의 이번 역인 사랑은 어렵지만 하나님께서 우리를 사랑하시는 것은 우리의 어떠한 기대와 상상도 초월한다는 사실에 놀라운 소망이 있다. 우리가 진정으로 하나님의 놀라우신 사랑을 이해하고 그 사랑을 받아들일 때, 그분의 사랑이 우리 삶에서 흘러넘쳐서 주위의 모든 사람들을 감동시킬 것이다.

요한1서 4장 7, 19절에 "사랑하는 자들아 우리가 서로 사랑하자 사랑은 하나님께 속한 것이니 사랑하는 자마다 하나님으로부터 나서 하나님을 알고……우리가 사랑함은 그가 먼저 우리를 사랑하셨음이라"고 하셨다. 사람의 성품은 밖으로 드러나는 우리의 내면세계임을 다시 한번 보게 된다.

10. 서로가 하나님과의 신실한 관계에 남아 있도록 도울 수 있는 일이 있다면 혹은 하나님께 거역하는 시기에 그분께로 다시 돌아오도록 서로 도울 수 있는 일이 있다면 무엇일까요?

---

11. 하나님의 놀라우신 사랑을 받아들이는 것이 당신에게 쉽습니까, 아니면 어렵습니까?

몇 분 동안 하나님의 엄위하신 성품과 당신을 놓치지 않는 깊은 사랑을 이해하고 감사하는 기도 시간을 갖는다. 하나님의 사랑이 당신 가슴과 삶에, 그리고 당신과 더불어 관계하며 사는 모든 이에게 넘쳐서 극적 감동을 줄 수 있도록 기도하자.

나의 기도 요청

그룹의 기도 요청

Day 1.
연합하여 사는 삶

시편 133:1
보라 형제가 연합하여 동거함이 어찌 그리 선하고 아름다운고

시편 저자 다윗은 사울 왕을 피하여 도망해야 했으며 큰 갈등, 심지어는 가족간의 갈등 속에서 살아야만 했다. 그래서 그는 모든 사람이 의좋게 사는 것이 얼마나 귀한 일인지 그 진가를 잘 알고 있었다!

그는 우리가 공동체를 이루며 살도록 만들어진 존재임을 알았다. 다른 사람들과 연결되는 것은 우리 삶을 정돈해주고 또 다른 많은 유익들을 가져오는 길이다.

다윗은 이러한 유익한 점들에 '아름다운고'(pleasant)라는 표현을 썼다. 이 말은 감미로운, 매우 좋은, 매혹적이라는 의미로 우리 마음이 기쁨으로 채워지는 것을 의미한다.

한 사람 한 사람 다 다양하고 유일한 개인들이 삶을 함께 살아나가는 것보다 더 매력적인 것은 드물다. 이러한 연결을 위해 우리가 만들어졌음에도 불구하고 타인들과의 연결에 우리는 얼마나 어려움을 겪는가!

때때로 혼자이고 싶은 유혹을 받을 때, 우리의 삶은 남과 더불어 살도록 만들어진 것임을 기억하자.

Character Tour

오늘, 손상된 관계를 회복하기 위하여, 또는 건강한 관계를 더 건강하게 하기 위하여 전화할 곳은 어디입니까? 다른 사람과 연합하여, 특별히 주님 안에서 믿음의 권속들과 연합하여 살기 위해 당신이 할 수 있는 일은 무엇입니까?

Day 2.
덮인 허물

잠언 17:9

허물을 덮어주는 자는 사랑을 구하는 자요 그것을 거듭 말하는 자는 친한 벗을 이간하는 자니라

믿음의 은혜는 우정관계에 있어서 우리 마음에 도저히 화해가 안 되는 것들이 계속 줄어들게 한다. 그냥 지나갈 수 없는 일들, 이 모든 사소한 감정의 덩어리들을 우리는 다 가지고 있다. 이런 것들에 대해서 우리가 입을 다물고자 하는 데에 믿음의 힘과 은혜가 있다. 때에 맞는 침묵은 때로 유려한 말보다 더 사랑의 커뮤니케이션이 된다.

다른 사람들의 삶을 꼬치꼬치 캐묻지 않고 못 본 척 지나가는 것은 큰 믿음을 필요로 한다. 변화가 필요할 때, 하나님께서 그 사람들을 깨우치시리라고 믿는 것이 믿음이다. 그리고 하나님께서 인정하시는 변화를 우리가 마음으로 바라는 것이 믿음이다.

오늘, 당신의 입술을 훈련시키는 데 하나님의 도움을 구하고 적절한 침묵으로 친구를 복되게 하라. 남을 낙담시키는 자가 되기보다는 남을 격려하는 자가 되도록 하라. 낙담시키는 자는 세상에 이미 충분하다.

당신은 남을 낙담시키는 자입니까, 격려하는 자입니까? 당신이 갖는 관계 중에서 때에 맞는 침묵이 필요한 곳은 어떤 곳입니까?

Day 3. 요청받은 것 이상으로

마태복음 5:41
또 누구든지 너로 억지로 오 리를 가게 하거든 그 사람과 십 리를 동행하고

정확한 측량, 남이 베푸는 것만큼 나도 베푸는 가차 없는 경쟁의 시대에 이 성경구절은 그야말로 비실용적이다. 그리고 백치가 아니라면, 이 구절이 내포하는 것 같은 '남이 나를 밟는' 것을 허용할 사람은 세상에 아무도 없다. 결과적으로 우리는 우리 자신을 옹호하라고 배우지 않았던가? 이 사회는 우리의 권리를 위해 싸우라고 역설하지 않는가?

그렇다, 맞는 말이다! 당신이 허용하기만 한다면 당신을 상처 입힐 사람은 이 세상에 얼마든지 있다. 당신의 권리를 빼앗을 사람들과 맞서기 위한 분별력이 당신에게는 필요하다. 그리고 정확하게 이것이 예수님이 지적하신 요점이다! 오 리를 가자고 요청한 사람에게 십 리를 가 주는 것은 개인의 자유의사를 큰소리로, 담대하게 외치는 것이다. 당신 자신이 요청받은 것 이상을 선택하는 것이다. 인생의 통치권자는 당신 자신이다!

물론 예수님은 이 원리를 가르치실 만한 충분한 자격이 있으시다. 인류 역사상 어느 누구도 그렇게 기꺼이 그 이상을 간 사람은 없다. 예수님은 요한복음 10장 18절에서 "이를(나의 생명) 내게서 빼앗는 자가 있는 것이 아니라 내가 스스로 버리노라"고 하셨다.

Character Tour

기쁜 소식은 성령님으로 말미암아 기꺼이 요청받은 것 이상을 하는 것이 우리에게도 가능하다는 사실이다. 우리는 누구라도 이 길을 선택할 수 있다.

다른 사람을 위하여 당신의 일정을 제쳐 놓고 요청받은 그 이상을 함께 가 줄 수 있습니까?

Day 4.
발을 씻기심

요한복음 13:14-15

내가 주와 또는 선생이 되어 너희 발을 씻었으니 너희도 서로 발을 씻어주는 것이 옳으니라 내가 너희에게 행한 것같이 너희도 행하게 하려 하여 본을 보였노라

제자들의 발을 씻기심으로 예수님께서는 무엇을 하셨는가? 1세기 당시의 권력과 권위 체계를 완전히 뒤집어 놓으셨다. 예수님은 장애물들을 허물어 평평하게 하시고 모든 인간을 똑같게 하시는 능력으로 사랑을 보여주셨다.

예수님은 성경에서 말하는 완전한 사랑을 가지셨던 분이다. 제자들의 발을 씻기신 섬김의 자세가 사람들에게 어떻게 보일지 조금도 개의치 않으셨다. 남들이 얕잡아 보지나 않을까, 리더로서, 가르치는 자로서의 위치를 잃어버리지나 않을까 따위의 염려도 없었다. 주님은 오직 깊은 사랑과 남을 섬기고자 하는 열망에 사로잡혀 계셨다.

우리가 이렇게 사랑할 때, 우리 삶에 일어날 성장의 분량을 상상해 보라! 다른 사람들의 눈에 내가 어떻게 보일까에 신경쓰지 않을 때 우리가 얼마나 여유로워질지 생각해 보라! 섬기는 사랑의 이기심 없는 행위가 자신을 드러내는 이기적 행위보다 더 소중하다는 것을 믿으면 어떨까!

주 예수, 우리의 선생님이 되시는 분이 하신 대로 당신이 남을 섬길 수 있는 사람이 되기 위하여 하나님께서 고쳐주셔야 할 태도로는 어떤 것이 있습니까?

Day 5. 사랑하라는 명령

요한복음 15:17
내가 이것을 너희에게 명함은 너희로 서로 사랑하게 하려 함이라

우리는 사랑을 필수가 아닌 선택의 문제로 보는 경향이 있다. 사랑하라는 명령에 대하여 그다지 깊이 생각하지 않는다. 사실주위 사람들을 사랑하기를 거부하는 것은 하나님께 대한 거역으로 심각한 영적 영향력을 끼친다.

주님께서 왜 사랑하라는 것을 하나의 의로운 충고로 남기시지 않고 명령을 하셨겠는가? 그것은 우리가 남을, 사랑스럽지 않은 사람까지 포함하여 사랑할 수 있을 때, 비로소 그분을 진정으로 알 수 있게 된다는 것을 아셨기 때문이다.

사랑할 만한 것이 못 되는 것을 사랑하는 연습을 통해서 죄 많고 불완전한 상태인 우리를 하나님께서 사랑하실 수 있음이 진실이라는 것을 우리는 믿기 시작한다.

예수님은 자신이 몸소 실천해 보이심으로써 사랑에 대한 정의를 내리셨다. 예수님이 더할 나위 없이 분명히 보여주신 것은 이것이다. 자신의 유익을 구하지 않는 사랑이 참된 사랑이다.

예수님처럼 사랑하는 것이 어렵다는 것을 솔직히 고백하고 오늘 당신을 사랑의 도구로 사용해 주시기를 기도합시다.

Day 6.
창조의 주재, 하나님의 형상

창세기 1:1, 27

태초에 하나님이 천지를 창조하시니라……하나님이 자기 형상 곧 하나님의 형상대로 사람을 창조하시되 남자와 여자를 창조하시고

이 두 구절을 한데 합치면 흥미로운 질문이 떠오른다. 사람이 하나님의 형상대로 지어졌고 그 하나님은 세계의 조물주이시니 그분의 창조의 능력이 얼마나 우리 속에 살아 숨쉬고 있겠는가?

나는 최근 어떤 새로운 동물도 만들어내지 않았다. 그렇잖은가? 하지만 하나님께서는 우리 한 사람 한 사람 속에 새 것을 기대하는 거대한 욕망을 집어넣어 두셨다. 하나님은 아담과 하와를 창조하시고 그들을 부르셔서 당신의 창조 사역에 전적으로 동참하게 하셨다.

아담과 하와와 똑같이, 우리도 하나님의 창조 목적에 동참하도록 부르심을 받았다. 매일매일 맞는 새 아침은 창조의 새 기회이다. 우리가 삶 속에서 형성하며 살아가는 모든 관계들이 오늘, 새로운 모습을 원하고 있다. 청소년기의 자녀, 배우자와의 사이에서 일어나는 모든 불일치는 창조적인 솔선 수범을 보일 자리들이다.

오늘 당신 자신을 하나님의 창조 사역 팀의 한 일원으로 보라. 모든 것에 새롭게 도전하면서 잠시 멈추어서 하나님과 함께 검토하며 그 순간에 무엇을 창조하시기를 원하는지 그분께 물어보자.

당신은 삶에서 어떤 분야에 가장 독창적입니까? 창조의 주재이신 하나님의 도우심이 절실히 필요한 부분은 어떤 분야입니까?

Day 7. 새로운 피조물

고린도후서 5:17

그런즉 누구든지 그리스도 안에 있으면 새로운 피조물이라 이전 것은 지나갔으니 보라 새 것이 되었도다

우리가 그리스도를 따르는 자가 될 때, 인생에 대한 전혀 새로운 능력의 가능성이 우리 속에 만들어진다. 새로운 사고방식, 세상 속에 일어나고 있는 하나님의 사역을 보는 새로운 눈이 거기에 있다.

가장 의미심장한 변화는 무엇이 진실인가를 보는 우리 시각의 변화이다. 새롭게 된다는 것이 어떤 의미인가를 알아가는 과정에서 이제 우리의 삶과 우리가 살고 있는 이 세상을 다른 눈으로 보게 되는 것이다. 하나님이 우리를 진실로 어떻게 보시는지를 알기 시작한다. 우리를 속박하고 있던 낡은 습관에서 벗어나는 길을 찾게 되고 꽉 막혀서 갇혀 있던 '사면초가'의 관계가 새로운 전망으로 열리는 것이다. 우리 자신의 유한한 능력이 이제 하나님의 창조의 능력 속으로 녹아들어가는 것이다.

이 새로운 시각에 대한 비밀을 놓치지 않도록 조심하라. 그것은 '그리스도 안'에서 이루어지는 것이다. 참된 생명은 지금 우리 속에 살아 계시는 하나님과 부단(不斷)히 관계를 맺는 데서 온다. 당신의 삶에 부딪쳐오는 도전에, 그리고 관계 속에서 새로운 가능성을 보고, 그 가능성을 창조할 수 있기를 원하는가? 만약 원한다면, 당신에게 가장 중요한 임무는 정기적으로 하나님과 함께 시간을 보내는 것임을 명심하라.

Character Tour

당신은 '새로운 피조물'된 삶의 경험을 얼마나 하고 있습니까? 옛 것을 벗어나서 새로운 것을 향하여 당신이 할 수 있는 행보는 무엇입니까?

Day 8.
새로 지은 마음

시편 51:10

하나님이여 내 속에 정한 마음을 창조하시고 내 안에 정직한 영을 새롭게 하소서

하나님의 창조 경력(God's resume)에서 가장 감명적인 업적은 해를 만드시고 포유동물들을 만드시고 남자의 갈빗대로 여자를 창조하신 작업이 아니다. 우리를 가장 감동시키는 하나님의 창조는 끊임없는 세월 속에서 우리의 마음을 깨끗하고 새롭게 만들어가시는 힘이다.

이 시편의 저자 다윗은 하나님의 위대하신 창조의 힘을 구하고 있다. 간통과 살인으로 말미암아 괴롭고 무거운 그의 마음은 단지 솔로 먼지를 털어내는 작업 이상이 필요함을 알았다.

인간의 마음에 일어나는 하나님의 손길은 마치 자동차의 핵심부품을 부품 가게에서 새 것으로 교체하는 것과 같다. 낡은 자동차의 엔진을 새 것으로 교체하여 자동차의 기능을 개조하는 것이다. 엔진의 시동을 개조할 때 자동차의 겉 몸체는 같은 것을 다시 쓰지만 자동차를 달리게 하는 내부의 동력은 완전히 새 것으로 교체된다. 우리의 마음도 이와 마찬가지이다. 우리가 새 마음을 원한다면 낡은 것들을 들고 나와 새 것으로 교체하고 개조해야 한다.

당신이 얼마나 망가졌든지, 얼마나 학대를 받았든지 상관없다. 오늘 당신은 하나님 앞으로 모든 과거의 것들을 들고 나와 '핵심 부분을 교체' 할 수 있다.

Character Tour

정직하게 마음을 들여다보십시오. 당신의 결점과 죄를 하나님께 고백할 때, 하나님께서 재창조하셔서 회복시켜 주셔야 할 부분은 마음에서 어떤 부분입니까?

Day 9.
생명의 샘

잠언 4:23

모든 지킬 만한 것 중에 더욱 네 마음을 지키라 생명의 근원이 이에서 남이니라

하이킹의 경험, 전력을 다해서 끝없는 경사를 오르느라 더위에 지쳤던 경험이 있는가? 온종일 하이킹을 한 후, 산줄기에서 솟는 한 모금의 샘물과 같은 맛은 세상에 없다! 뜨거운 여름 날, 땅 속 깊은 데서 솟아나오는 물은 우리를 상쾌하게 하며 원기를 회복시켜 준다. 오염되지 않고 사람의 손길이 닿지 않은 자연의 물이다.

우리는 마음이 언제나 상쾌한 샘물 같기를 원한다. 끊임없는 인생의 도전을 받을 때 이러한 마음은 생명의 근원이요 힘의 원천이 된다. 그러나 이 마음이 수많은 쓰레기로 인해 오염될 수도 있다. 그렇게 되면 우리의 마음은 더 이상 우리에게 에너지를 공급하는 곳이 되지 못하고 별안간 완전히 힘이 고갈되어 텅텅 비어가는 자신을 발견할 수밖에 없을 것이다.

우리는 마음을 언제나 맑고 깨끗하게 유지해야 한다. 그래서 기능을 잘 발휘하여 인내가 필요할 때, 우리에게 그 인내를 제공해 줄 수 있는 곳이 되어야 한다. 하나님께서 오늘 당신의 마음에 이 일을 하실 수 있다. 내면의 작용을 하나님이 통치해 주셔서 그분의 창조적인 능력이 계속해서 흘러나오도록 기도하라.

당신은 마음을 '생명의 샘'이 되도록 얼마나 잘 지키고 관리해 갑니까? 당신의 어떤 부분을 하나님께서 씻기시고 고치셔야 할까요?

Day 10. 그리스도의 대사
(大使: ambassador)

고린도후서 5:20

그러므로 우리가 그리스도를 대신하여 사신이 되어 하나님이 우리를 통하여 너희를 권면하시는 것같이 그리스도를 대신하여 간청하노니 너희는 하나님과 화목하라

언제나 현재 진행형이신 하나님의 작업, 인간을 찾아 구원하시는 사역에 동참하는 것만큼 우리의 창조적인 이미지를 더 창조적이게 하는 것은 없다. 위의 성경 구절은 우리에게 어떤 선택의 여지도 남겨놓지 않는다. 우리는 그리스도의 대사이다. 우리가 그다지 생산적이고 유능하지 못할 수도 있다. 그러나 그럼에도 우리는 그분이 급료를 지불하는 그분의 대사이다.

당신 자신이 성장하기를 원한다면, 동료의 마음에 다리를 놓기 위해 하나님이 어떤 계획을 갖고 계시는지 물어보라. 정말 당신이 자신으로부터 성장하기 원한다면 이웃에게 놓을 생명선의 구축을 위하여 하나님이 어떤 의도를 갖고 계시는지 물어보라.

하나님은 자신의 사람들을 사랑하시고 축복하시기 위하여 모든 창조 사역을 시작하셨다. 그러나 우리 주위에는 마음의 벽을 쌓고 홈을 파헤치는 사람들이 수없이 많다. 하나님은 우리 인간들의 마음에 새 다리를 만들어 놓으시는 작업을 포기하시지 않는다.

당신은 삶의 범주에서 사람들과 하나님의 사랑으로 커뮤니케이션을 하는 일에 아이디어나 자원이 바닥나 있는가? 별일 아니다. 지금이야말로 당신 안에서 역사하시는 성령님께 접근하여 새 아이디어를 구할 완벽한 시각이다.

Character Tour

당신은 그리스도의 어떤 대사입니까? 하나님의 독창성과 능력에 이를 수 있도록 어떤 곳에 당신의 초점을 맞추어야 하나요?

제5과

당신은 독창성을 최대한 발휘하고 있는가?

창세기 1장; 마태복음 13:34; 고린도후서 3:16-18

우리의 성품 탐방이 오늘 멈춘 곳은 대개 좋은 성품에 대해 얘기할 때, 그 목록에 별로 들어가지 않는 것이다. 인터넷 상에서 구글 검색 엔진을 통해 '바람직한 성품'을 탐색해보면 우리가 지금 토론하고자 하는 '독창성'은 없다.

독창성은 하나님을 이루고 있는 구조적인 틀의 한 요소이자 하나님의 속성을 형성하는 천의 한 가닥 실이다. 우리가 일반적으로 꼽는 훌륭한 성품 목록에 독창성이 들어가지 않는다 해도 이것은 그리스도를 따르는 자에게는 삶의 기반이다. 우리 중에 '독창성'이라는 말을 듣기만 하면 머뭇머뭇하다가 자신이 왜 독창성이 부족한지 그 이유를 대기에 바쁜 사람들이 있다. 혹은 다른 아는 사람들을 떠올리면서, "그 사람은 독창성이 있어. 하지만 나는 아니야"라고 말한다.

우리는 모두 좀처럼 그것을 사용하고자 하지 않는 대단한 창의적인 재능을 가지고 태어난다. 물론, 우리가 다 똑같은 형태, 똑같은 수준의 독창성을 구비하고 있는 것은 아니나 어디에선가부터 우

그리스도인의 성품 탐방

리는 조물주 하나님이 주신 반짝이는 길을 외면하고 하나도 다를 것이 없는 단조롭고 평범한 상투적인 길을 따라 터벅터벅 걸어가고 있다. "삶은 그저 이런 거야. 난 평범하게 살도록 태어났어. 세상 사람들이 살아가는 것과 닮은꼴의 삶, 얕은 웅덩이의 물을 튀기며 살 뿐이야"라고 자조한다.

• 들어가기 Start It Up

우리 한 사람 한 사람은 어느 정도의 독창성을 다 가지고 있다. 그것이 표면에 드러나지 않는 것뿐이지 잘 살펴보면 우리는 제각각의 독창성을 다 가지고 있다.

1. 당신에게 다른 것보다 좀더 뛰어난 창의성을 보이는 영역이나 활동은 어떤 것입니까?

   ----

2. 당신에게 무제한의 자본금이 있고 실패하지 않을 줄 안다면 무엇을 발명하고 싶습니까?

• 펼치기 Talk It Up

우리의 하나님은 독창성과 질서, 이 둘의 창조자이시다. 우리에게 이 둘은 서로 배타적으로 보이지만 하나님께는 그렇지 않다. 그러니까 잠깐! 하나님께서는 당신이 최대한의 독창성을 발휘하기를 원하신다. 창의성의 최첨단이 되기를 원하신다는 의미이다. 당신의 결혼생활에, 사회적 경력에, 가정에, 친구관계에 창의적인 성장이 있기를 원하신다. 당신의 개인적인 의도나 기호에 상관없이, 세상의 다른 사람들과 똑같은 동일성, 범용함을 벗어나서 하나님의 고유한 성품인 독창성을 본받기 원하신다. 성경에서 독창성을 발견하기란 그리 어렵지 않다.

독창성의 기원(起源)

창세기 1장 1절에서 하나님의 독창성이 시작된다. "태초에 하나님이 천지를 창조하시니라." 하나님은 바로 독창성의 주체이시다. 우리의 세계와 인간 존재는 하나님의 독창적인 창조와 함께 시작된다. 창조가 하나님의 하나님 되심 안에 있고 이것으로 말미암아 당신과 나의 생명 안에도 그분의 창의적인 본성이 들어 있는 것이다.

창세기 1장 26절에서는 "우리의 형상을 따라 우리의 모양대로 우리가 사람을 만들고"라고 하셨다. 하나님의 이 선포로 인해서 우리에게도 창의적인 힘이 내재해 있음을 확신할 수 있다. 그분의 형상을 입고 있는 존재로서 우리는 나만의 지문(finger print)을 가지고 있을 뿐 아니라 질서정연한 삶을 살 수 있는 그분의 힘 또한 가지고 있다.

그리스도인의 성품 탐방

3. 당신은 우리가 다 똑같은 분량의 창의성을 가졌다고 생각합니까? 그렇지 않다면 왜 하나님께서는 어떤 사람에게는 다른 사람보다 더 많은 창의성을 주셨을까요?

　성경을 한 장 한 장 읽어 내려가면 우리는 곧 하나님께 있는 창조적인 본성을 만나게 된다. 아담과 하와에게 영원한 의미를 가진 어떤 것을 설명하시기 위하여 한 조각의 과일을 이용하셨고, 우리의 삶 속에 역사하시는 그분의 능력을 알리시기 위하여 삼손의 머리털을 사용하셨으며, 노아에게는 하나님의 자비와 의로우심을 보여주시기 위하여 거대한 배를 사용하셨다.

　하나님이 사용하신 물맷돌은 다윗에게는 삶을 변화시키시는 그분의 메시지였다. 그리고 인간 역사의 최고의 정점에서, 전 역사상 가장 의미심장하고 창조적 목적을 가진 진리를 전하시기 위하여 그분은 오래되고 험한 십자가와 빈 무덤을 사용하셨다.

4. 하나님께서는 왜 이렇게 전 역사를 통해서 독창적인 커뮤니케이션의 기술로 인간과의 교제에 전념하셨을까요? 하늘로부터 들리는 그분의 음성을 위해 천둥 번개 소리로 충분하지 않았을까요?

5. 성경에 들어 있는 이러한 독창적인 사물들이 알리는 진리들 가운데 당신에게 개인적으로 가장 의미 있는 것은 어떤 것입니까?

창조의 구체화(具體化)

성부 하나님이 창조의 기원이심과 마찬가지로 성자는 부단히 그 창조를 구체적으로 보여주셨으며 지금도 하나님의 창조를 구체화하고 계신다. 예수님이 이 땅에 계실 때 해변에서, 뱃머리에서 설교를 하셨고, 모래에 그림을 그리시고, 손에 씨앗 하나를 들고 그것으로 교훈하셨다. 예수님은 한 건물을 가리키사 그것을 허무시고 다시 짓는 그분의 권세를 설명하셨으며, 동전을 가지고 나라의 통치 권위에 대해 가르치셨다. 어린아이를 무릎에 앉히시고 천국에서의 지위와 믿음에 대한 놀라운 교훈을 주셨다.

예수님의 최초의 표적은 그분의 기적적인 능력과 인자하심을 드러낸 사건으로, 혼인 잔치에서 어머니의 요청을 받아들여 순수한 물 분자 H_2O를 일등급 포도주로 변화시키신 일이다.

마태복음 13장 34절 읽기

예수님이 말씀하신 모든 비유는 독창성을 띠고 있으며 이것은 예수님이 가르치시면서 사람들에게 감동을 끼치는 주된 형태였다.

6. 당신이 사람들에게 영적 감동을 끼치도록 부르심을 받은 곳에서 어떻게 예수님의 방법을 적용하겠습니까?

창조의 권능

성부 하나님은 창조의 기원이시며 성자는 그 창조의 모델이시고 성령께서는 창조의 권능이 되신다. 이 책의 앞 부분에서 한 말, 우리의 성품은 내부적 구조가 밖으로 드러나는 것이라고 한 말을 기억하라. 이 성품의 경로는 독창성이라고 하는 무대에서 우리의 길을 어떻게 만들 것인가 하는 것이다. 내면에서 외면으로.

독창성의 왕을 우리가 만날 때, 왕 되시는 그분은 성령을 우리의 삶 속에 심으셔서 모든 면에서 그리스도를 닮게 하시고 그리스도를 닮는 그것이 잠재적인 독창성에까지 뻗어가는 것이다. 성령님은 이 세상의 창조에 동참하신 분이며, 구약의 성전을 지은 장인의 아름다운 기술이 그 속에 들어 있는 분이고, 신약 교회의 여러 지체들에게 다양한 영적인 선물을 주시는 분이다. 이 영이 당신 속에서 살며 역사하신다.

고린도후서 3장 16-18절 읽기

자신에게 이렇게 물어본 적이 있는가? "어떻게 좀더 창의적이

될 수 없을까?" 많은 사람이 이렇게 자문할 것이다. 하지만 이것은 목표가 타당하다고 해도 올바른 질문이 아니다. 올바른 질문은 "하나님, 내 속에 있는 독창성을 가로막는 것이 무엇입니까?"라고 여쭤보는 것이다. 우리는 우리를 만드신 조물주의 영광을 드러내기 위해 우리의 베일을 제거하고 마음껏 독창성을 펼쳐야 할 필요가 있다.

7. 당신의 독창성을 가로막는 것은 무엇입니까?

---

8. 당신의 삶에서 독창성이 가장 크게 고양(高揚)되어야 할 분야는 어떤 영역(결혼, 부모 됨, 직장, 사역, 개인적인 성장 등)입니까?

---

9. 이 영역에서 당신의 독창성을 더하기 위하여 필요한 변화는 무엇입니까? 당신의 독창성이 성장함에 따라 기대할 수 있는 것은 무엇입니까?

그리스도인의 성품 탐방

• 올려드리기 Lift It Up

우리의 삶에서 한층 높아진 독창성을 경험하기를 기대한다면 하나님께 도움을 요청해야만 한다.

10. 당신이 가장 씨름하고 있는 영역은 다음의 어느 영역입니까?
    - 더욱더 독창적이고 싶은 마음
    - 독창성을 이행할 수 있는 전략
    - 지속적으로 독창성을 발휘할 수 있는 열심

    ---

11. 당신이 개인적으로, 또는 그룹의 일원으로서 독창성 개발을 위해 노력할 수 있는 길은 어떤 것이 있을까요?

서로를 위해 기도하고 자신의 잠재된 독창성을 깨워 달라고 하나님께 구한다.

Character Tour

나의 기도 요청

그룹의 기도 요청

Day 1.
능력있는 영(靈)

디모데후서 1:7

하나님이 우리에게 주신 것은 두려워하는 마음이 아니요 오직 능력과 사랑과 절제하는 마음이니

디모데는 분명히 믿음이 다소 불안정하게 흔들림을 느끼고 있었다. 젊은 나이와 그에 따른 경험 부족으로 인해 그에게 맡겨진 리더라는 사명에 자신이 불충분하고 불완전다는 느낌이 들었을 것이다.

바울이 디모데에게 상기시켜 준 것은 우리가 포기하거나 움츠러들 때, 진정한 문제는 정체성의 잘못된 인식이라고 하는 것이다. 이것은 그리스도를 믿는 신앙인 속에 있는 DNA가 아니다. 바울이 디모데에게 이렇게 말하지 않은 것은 얼마나 다행한 일인가? "이봐 디모데, 네게 부족한 게 뭔지 내가 알아. 그걸 보충하려면 몇 년만 학교 다니면 돼." 디모데에게 필요했던 모든 것은 이미 다 갖추고 있었다. 하나님이 사용하실 수 있도록 준비되어 있는 영혼, 그것이 그에게 필요한 전부였다.

우리는 각자 다르긴 하지만 도망가서 숨고 싶은 상황들이 있다. 때로는 하나님의 기적으로 그런 상황에서도 우리의 연약한 다리로 우뚝 서기도 한다. 하지만 그러한 도전에 감히 맞서지 못할 것 같은 기분이 들 때에도 용감하게 끝까지 버티는 것이 신앙 훈련의 일환이기도 하다.

당신이 어떤 소심함이나 염려에도 맞설 수 있도록 하나님이 당신 안에 두신 성령님을 기억하게 해 달라고 구하라.

Character Tour

바로 지금, 어떠한 상황이 당신 자신을 어리석고, 무능력하게 느끼게 합니까? 이 상황에 대처할 때, 어떻게 당신 안에 있는 하나님의 영의 '불꽃'을 타오르게 하겠습니까?

Day 2.
상(賞)

고린도전서 9:24

운동장에서 달음질하는 자들이 다 달릴지라도 오직 상을 받는 사람은 한 사람인 줄을 너희가 알지 못하느냐 너희도 상을 받도록 이와 같이 달음질하라

"너희도 상을 받도록 이와 같이 달음질하라"는 말씀을 읽으면 아마 기계가 작동하는 것같이 양 팔다리를 앞으로 힘차게 뻗는 달리기 선수를 연상할 것이다. 훌륭한 달리기 코치는 최선의 달리기를 위해서는 몸의 모든 부분 부분이 조화롭게 움직여야 한다고 가르친다.

바꾸어 말하면, 몸의 각 부분은 서로 다른 부분에 영향을 미친다는 말이다. 훈련장에서 이 말씀은 틀림없는 진리다. 아무리 작은 것이라 할지라도 한 가지 새로운 훈련은 다른 것의 고리가 되어 그에 대한 반응이 일어난다. 예를 들면 정해진 시각에 잠자리에 들기 시작하면 다음 날 아침 더 일찍 일어나기 시작한다는 말이다.

이렇게 긍정적인 면에서 진리인 것과 똑같이 부정적인 면에서도 진리이다. 훈련의 한 가지 부족은 다른 것으로 전이된다. 달리기를 할 때, 얼굴이 먼저 굳어지기 시작하면 다음은 어깨, 그 다음엔 아래팔로 이어지는 식이다.

매일매일의 새 아침은 낡은 것에 대한 새로운 연단의 기회요 새 힘을 강화시킬 기회이다. 거창한 것만이 중요하다는 생각에 빠지지 말라.

Character Tour

단거리 달리기(sprinting)에서 얼굴 근육이 굳어지기 시작하면 몸의 다른 부분으로 그것이 이어지는 원리를 기억하면서 오늘 당신이 하나님을 위해 할 수 있는, 당신을 올바른 방향으로 인도할 한 가지 작은 일은 무엇입니까?

Day 3.
산 제물

로마서 12:1-2

그러므로 형제들아 내가 하나님의 모든 자비하심으로 너희를 권하노니 너희 몸을 하나님이 기뻐하시는 거룩한 산 제물로 드리라 이는 너희가 드릴 영적 예배니라 너희는 이 세대를 본받지 말고 오직 마음을 새롭게 함으로 변화를 받아 하나님의 선하시고 기뻐하시고 온전하신 뜻이 무엇인지 분별하도록 하라

성경의 이 말씀이 "네 몸을 드리라"고 하는 대신에 "주일을 하나님께 드리라"고 말씀했다면 좀더 쉽지 않았을까? 성경의 원본을 읽는 자들은 이 "몸"이라는 말이 그들의 전 생명을 의미하는 것으로서, 머리에서 발 끝까지 전부를 하나님께 드리라는 뜻임을 알았다.

바울은 이 세상이 가차없이 우리를 밀어부치는 것, 악한 세력, 그리고 육신 속에 있는 죄의 성질이 한 인간의 삶의 모든 영역을 공격하는 것을 알고 있었다. J. B 필립스의 번역은 이 뜻을 분명하게 말해 준다. "세상이 그대를 그 틀에 넣고 찌부러뜨리지 않게 하라."

바울이 외치는 것은 완전히 바뀌라는 것이다. 이것 외에 우리가 바라는 대로 하나님과 함께하는 삶 속으로 우리를 가까이 이끄는 것은 어디에도 없다. 완전히 바뀐다는 것은 삶의 모든 영역에서 하나님을 따르는 것을 진지하게 받아들이는 것을 의미한다. 하나님이 무슨 말씀을 하셨는지 아는 것만으로는 충분하지 않고 그것을 적용하고 그 진리를 우리 가슴에 품어 안아야만 이 변형의 의미를 체험하게 된다.

로마서 12장의 이 구절을 반복해서 읽고 말씀이 당신의 영혼 속에 자리잡게 하십시오. 오늘, 이 말씀을 당신의 삶에 어떻게 적용할까요? 하나님께서 당신에게 보여주시는 완전히 바뀌어야 할 삶의 영역은 어떤 부분입니까?

Day 4.
하나님의 음성

출애굽기 15:26

이르시되 너희가 너희 하나님 나 여호와의 말을 들어 순종하고 내가 보기에 의를 행하며 내 계명에 귀를 기울이며 내 모든 규례를 지키면 내가 애굽 사람에게 내린 모든 질병 중 하나도 너희에게 내리지 아니하리니 나는 너희를 치료하는 여호와임이라

하나님께서 우리에게 단지 주시기 위하여 무엇인가를 행하시는 경우는 결코 없다. 그분의 계명 하나하나는 모두 그 목적이 있다. 이 목적들은 우리를 향하신 하나님의 지극하신 사랑에 근거하고 있으며 하나님은 끊임없이 모든 좋은 것으로 우리를 축복하시기 위하여 일하고 계신다.

신앙 훈련과 순종의 힘든 과정에는 큰 보상이 있다. 위의 말씀 가운데서 하나님은 두 가지 계획을 분명하게 보여주신다. 듣고, 행하라는 것이다.

'조심성 있게 듣고 주목하는 것'은 그 계획의 첫 번째 단계이다. 주의를 집중하여 듣는 자세는 훈련으로 얻는 기술이다. 그러나 이것이 중요한 이유는 우리로 하여금 말하는 자의 마음 - 말 뒤에 숨어 있는 말 - 을 들을 수 있게 하기 때문이다.

계획의 두 번째 단계는 '옳은 것을 행하는 것'이다. 하나님께서 말씀해 주시는 것을 그저 알림 말씀으로 듣지 말고 그것을 행해야 한다! 그것을 당신 삶에 적용하라. '듣고 행할' 때, 하나님께서는 우리에게 큰 약속을 주셨다. 우리가 사는 이 세상에 임하는 멸망과 파괴적인 죄의 결과로부터 우리가 자유하리라는 약속이다.

Character Tour

하나님의 음성을 얼마나 주의해서 잘 듣고 있습니까? 하나님의 음성을 주의해서 깊이 듣는 기술을 익히기 위하여 할 수 있는 일은 무엇입니까?

Day 5.
풍성한 수확

레위기 26:3-5

너희가 내 규례와 계명을 준행하면 내가 너희에게 철따라 비를 주리니 땅은 그 산물을 내고 밭의 나무는 열매를 맺으리라 너희의 타작은 포도 딸 때까지 미치며 너희의 포도 따는 것은 파종할 때까지 미치리니 너희가 음식을 배불리 먹고 너희의 땅에 안전하게 거주하리라

혹시 단어 연상 게임을 해본 적이 있는가? 누가 한 단어를 말하면 그 단어에 대하여 떠오르는 것을 뭐든지 말하는 게임이다. 자 한번 해보자! '순종'이라는 단어를 들었을 때, 당신 마음에 떠오르는 것은 무엇인가?

아마도 '속박', '규칙' 이런 말들이 연상될 것이다. 그러나 하나님께서는 당신이 '축복', '보호', 그리고 '사랑' 이러한 말들을 떠올리길 원하신다. 당신이 하나님의 길을 따라 살기로 선택했을 때, 당신은 그분의 줄에 서는 것을 선택한 것이며, 그래서 하나님께서 당신 위에 부어주시기 원하는 모든 것을 체험하게 된다. 하나님은 당신을 불필요한 고통과 괴로움에서 보호하시기 원한다. 하지만 이 세상과 우리 속에는 하나님의 길을 벗어나게 만드는 수많은 유혹이 있음을 아신다.

하나님은 우주의 흥을 깨뜨리시는 분이 아니다. 하나님은 애정 어린 창조주이시다. 하나님은 우리를 창조하신 후에 그냥 내버려 두실 수도 있었다. 하지만 그 대신, 우리의 삶을 안내할 가이드라인을 주실 만큼 우리를 사랑하셨다. 우리가 그분의 길을 선택할 때, 그분의 축복을 경험하게 된다.

Character Tour

당신은 하나님의 법도가 진정으로 우리에게 유익하다고 하는 원칙을 얼마나 고수하고 있습니까? 삶의 어떤 영역에서 당신은 하나님께 대한 순종을 마다하고 당신 뜻대로 합니까?

Day 6.
순종, 그리고 축복

신명기 5:29
다만 그들이 항상 이 같은 마음을 품어 나를 경외하며 모든 명령을 지켜서 그들과 그 자손이 영원히 복 받기를 원하노라

이 성경 구절을 읽으면서 내 아이들이 내가 조용한 장소에서 하나님 앞에 앉아 성경을 읽는 모습을 여러 번 목도했던 것이 생각났다. 그들의 얼굴에 역력히 떠오르던 호기심, 아이들의 정신 속에 만들어지는 기록을 거의 확실히 볼 수 있었다. 하나님과의 만남! 그렇다. 이것이야말로 좋은 교육이다.

하나님의 법도를 공부하는 부모의 모습을 아이들이 눈으로 보는 것이 좋은 만큼 그 법도에 순종하는 것을 아이들이 보는 것은 더 좋은 일이다. 우리의 자녀와 친구들에게 하나님의 법도를 따르는 모습을 보여주는 것보다 더 큰 인상을 남기는 것은 없다. 이것은 진정한 의미에서의 자기 단련이다. 하나님의 법도를 단지 알기만 하는 것이 아니라 철저히 그렇게 사는 것, 이것은 자기 연단이다.

그러나 '경외한다', '지킨다'는 말들에도 유의해야 한다. 부단히 하나님의 규례를 지켜나갈 수 있는 열쇠는 하나님께 대한 올바른 신앙심과 그분을 두려워하는 마음을 간직하는 것이다. 이 책임이 하나님께 있다고 우리가 동의할 때, 그분의 법도를 따르는 일은 훨씬 수월해진다.

하나님을 묘사하는 데 사용하고 싶은 단어는 어떤 것들입니까? 이 단어들이 하나님께 대한 올바른 경외심을 나타내 줍니까? 그리고 당신의 행동도 그렇습니까?

Day 7.
어려운 선택

신명기 30:15
보라 내가 오늘 생명과 복과 사망과 화를 네 앞에 두었나니

언뜻 보기에 이 말씀은 상당히 엄하다. 왜 하나님은 이토록 극단적이실까? 우리 앞에 '아주 좋은 것' 과 '나쁜 것' 두 종류만을 두신 하나님은 너그러우신 하나님의 이미지에 맞지 않아 보인다. 하나님이 좋지도 나쁘지도 않은, 중간 속성인 분으로 생각한다는 것은 좀 우스운 얘기지만 종종 이런 생각이 스며든다.

하나님께서는 모난 부분들을 잘라내시어 삶의 모서리들을 두루 뭉술하게 하고자 하시지 않는다. 하나님은 우주의 통치자이시지 중간 속성의 존재자가 되시는 데는 흥미가 없는 분이다. 그분은 극단이 되고자 하시는 게 아니다. 그분은 바로 극단이시다! 사랑에서 극단이시고 의로우심에서 극단이시고 희생에서 극단이시다. 그리고 우리를 복 주시고자 하는 열망 또한 극단이시다. 하나님께서는 선택의 문제를 아주 간단 명료하게 제시해 놓고 계신다. 그분은 미적지근한 중간에 계시지 않거니와 당신의 자녀들 또한 미적지근하기를 원치 않으신다.

하나님께서는 우리가 스스로 선택하도록 우리를 인격적으로 대하신다. 하나님은 우리가 올바른 선택을 할 역량이 있음을 아신다. 왜냐하면 우리를 만드신 분이기 때문이다. 그리고 우리의 삶에서 올바른 선택을 하기 위한 도움이 우리에게 필요하다는 것도 아신다. 그렇기 때문에 하나님께서는 성령을 우리에게 보내셔서 내주하

Character Tour

게 하시고 언제나 올바른 선택을 할 수 있는 능력을 가지게 하시는 것이다.

바로 이 순간 당신의 삶을 생각해 볼 때, 당신은 올바른 선택을 하며 살고 있습니까? 아니면 파괴하고 있습니까? 당신의 삶에서 어떤 결정이 그 대답을 지지해 줍니까?

Day 8.
하나님의 시험

말라기 3:10

만군의 여호와가 이르노라 너희의 온전한 십일조를 창고에 들여 나의 집에 양식이 있게 하고 그것으로 나를 시험하여 내가 하늘 문을 열고 너희에게 복을 쌓을 곳이 없도록 붓지 아니하나 보라

우리의 수준을 돈만큼 시험하는 것도 없다. 주는 것에 대한 우리의 헌신은 고된 훈련이다. 이 훈련은 모든 도전을 뚫고 나가기 위해 필요하다.

그리고 하나님께서는 우리의 도전에 준비가 되어 계신다. 우리에게 도전하라고 명령하신다. 마치 "세게 똑바로 던져. 내가 다 받아줄 테니까"라고 말씀하시는 것 같다. 여기서 "하늘 문을 열고"(floodgates)라는 말은 놀라 어쩔 줄 모를 만큼의 축복을 묘사하는 말이다. 하나님은 우리가 그분의 마음을 보고, 그분의 의도를 보기 원하신다. 하나님께 대한 우리의 신뢰와 거기에 응답하시는 하나님의 보상이라는 순환 원리를 창조하시고자 하는 것이다.

하나님은 또한 우리 마음을 보시기 원한다. 우리에게 '온전한 십일조'를 드릴 것을 도전하신다. 이제 이것은 우리 마음뿐 아니라 실제적인 신앙 행위를 점검하게 한다. 우리가 드리는 것이 500원짜리 동전을 풍선껌 판매기에 넣는 식은 하나님께서 원치 않으신다는 말이다.

오늘 우리는 우리의 전 생명을 하나님께 희생으로 드릴 기회(온전한 십일조)를 가지고 있다. 하나님과의 관계에서, 하나님을 향한 도전에서 그리고 예측 불가능한 삶 속에서 매일매일 나누는 하나님과

Character Tour

의 교제에서 이렇게 말해 보라. "주여, 저의 모든 것을 헌금함에 넣습니다. 저의 모든 것으로 당신을 신앙합니다." 다 갖다 부으라!

당신을 위해 가장 좋은 것이 무엇인지 안다고 생각하면서 당신의 삶과 재정을 얼마나 꼭 부여잡고 있습니까? 당신은 기꺼이 하나님의 도전을 받아들이겠습니까?

Day 9.
유업

히브리서 6:12
게으르지 아니하고 믿음과 오래 참음으로 말미암아 약속들을 기업으로 받는 자들을 본받는 자 되게 하려는 것이니라

푸른 풀을 무척 즐겨 뜯던 한 어린 양의 얘기를 나는 좋아한다. 이 양은 울타리 안의 구멍을 통해 들락날락했던 것도 모른 채 한참 동안 헤매며 계속 풀을 뜯다가 마침내 고개를 들고서는 이렇게 묻는다. 우리가 이런 질문을 하듯이. "내가 여기 어떻게 들어왔지?"

우리는 어느 날 마음을 딱 정하고 하나님을 더 이상 따르지 않기로 결심하는 것이 아니다. 다만 표류할 뿐이다. 하나님을 향해 관심을 집중하는 것을 그만두었다는 말이다. 이 점이 바로 히브리서 기자가 말하고자 하는 요점이다. 때때로 우리는 하나님의 법도에 귀를 기울이는 것을 게을리하면서 선한 일에만 열중한다.

헤매는 대신, 믿음은 하나님과 하나님의 말씀으로 우리를 재촉하는 동기를 부여하는데 그 이유는 하나님께서는 당신이 하신 말씀은 그대로 이행하신다는 것을 우리가 알기 때문이다. 또 인내는 우리를 격려하여 하나님의 길은 사람의 길과 다르다는 것을 깨닫게 하고, 그래서 하나님을 신뢰하고 그분의 완전한 시간을 기다리게 한다. 우리가 큰 유업을 기다린다면, 하나님께서 우리 속에 큰 믿음과 인내를 만드시도록 허락해야 한다.

당신은 때때로 게으름을 부리며 헤매입니까? 당신이 믿음과 인내를 실제적으로 행하도록 하나님께서 보여주셔야 할 부분은 어떤 영역입니까?

Day 10.
목표

빌립보서 3:12b-14

오직 내가 그리스도 예수께 잡힌 바 된 그것을 잡으려고 달려가노라 형제들아 나는 아직 내가 잡은 줄로 여기지 아니하고 오직 한 일 즉 뒤에 있는 것은 잊어버리고 앞에 있는 것을 잡으려고 푯대를 향하여 그리스도 예수 안에서 하나님이 위에서 부르신 부름의 상을 위하여 달려가노라

　연단(discipline)을 통해서 얻는 가장 큰 보상은 당신이 이 땅에 태어난 목적을 발견하는 것이다. 위의 성경 구절을 보라. "그리스도 예수께 잡힌 바 된 그것을 잡으려고 달려가노라." 우리는 모두 우리 삶에 관하여 알고자 한다. 아무도 묘비에 이렇게 쓰이는 것을 원하지는 않을 것이다. "살다가……죽었음……그래서 뭐 어쨌다는거냐!"

　삶을 산다는 것은 오로지 우리 삶의 목적과 관련한 것이다. 바울은 이 문제에 있어서 두 개의 열쇠를 우리에게 준다. 첫째, 기꺼이 그 목적을 아직 성취하지 않은 것으로 간주하는 것, 아직 그 과정 중에 있다는 것이다. 둘째, 우리 뒤에 놓여 있는 것에 대해서는 잊어야 한다는 것이다. 여기엔 좋은 기억과 나쁜 기억 모두 포함된다. 하나님의 은혜는 과거 우리의 실패에서 발견되고, 하나님의 완전하심은 과거 우리의 성공에서 찾을 수 있다.

　실수를 범하지 말라. 바울은 이 일이 쉽지 않음을 지적한다. 여기 좋은 원칙이 하나 있다. 만약 당신의 삶이 상당히 오랜 기간 아무 역경이 없었다면……뭔가 잘못된 것이다. 우리가 목적지를 향해 걸어가면 언제나 우리가 머물고 있는 편안하고 길들여진 영역을 벗어나는 것이다.

Character Tour

인생의 경주에서 하나님이 당신 앞에 두신 것은 무엇입니까? 하나님이 앞에 두신 삶의 목적들을 적어 보십시오. 그 목적에 대해 잘 모르겠으면 하나님께 보여주시도록 기도하십시오.

제6과

당신에게 자기 훈련은 무너져버렸는가?

다니엘 1:1-17, 6:1-10; 디모데후서 1:7; 마태복음 6:34; 스가랴 4:6

얼마 전 나는 좋은 성품에 대한 구두(口頭) 조사를 한 적이 있다. 내가 물은 것은 "자신이 좀더 가졌으면 하는 성품적인 요소가 있다면 무엇입니까?"라는 것이었다.

사람들은 한순간 생각하더니 대다수가 "저, 제게 정말 필요한 것은 자기 훈련(discipline)이라고 생각합니다"라고 답변했다. 성품 탐방의 이번 종착역은 훌륭한 성품을 위하여 무엇보다 중요하고 기초가 되는 것이다. 이것은 다른 성품들을 발휘시키는, 그래서 잠재되어 있는 많은 다른 능력들을 개발하는 연료가 되는 요소이다.

독창성의 토론 때와 똑같이 어떤 사람들은 '연단'이라는 말을 들으면 긴장하면서 왜 자신이 질서 정연한 생활에 필요한 기어가 안 걸리는지 수많은 이유를 내세울 것이다. "난 잘 훈련된 사람이 못 됩니다. 이건 특별한 사람들에게나 해당되는 말이죠." 정말 그럴까? 그렇지 않다! 우리는 누구나 자기 훈련에 깊이 들어갈 수 있다.

그리스도인의 성품 탐방

• 들어가기 Start It Up

자기 훈련은 성공한 사람들에게서 공통적으로 볼 수 있는 특성이다.

1. 당신이 젊었을 때, 자기 훈련을 끝까지 완수함으로써 성취했던 최초의 일은 무엇이었습니까?

   ---

2. 당신이 가장 쉽게 자신을 연단할 수 있는 일과 가장 어려운 일은 삶에서 어떤 영역입니까?

• 펼치기 Talk It Up

그러면 연단(discipline)이란 무엇인가?

말의 정의를 내리는 일부터 시작하자. 연단은 당신이 하고 싶은

것을 할 수 있기 위하여 해야만 하는 것을 하는 것이다. 사람들은 "오케이, 뒷부분, 즉 자기가 해야만 하는 것을 하는 것, 이것은 이해하겠는데 자기가 하고 싶은 것을 하기 위하여……이건 이해가 안 되는군요"라고 말할 것이다.

연단이 사실은 당신이 하고 싶은 것을 할 수 있게 하는 것이라는 말이 아마 모순되게 들릴 것이다. 연단이 정말 그렇게 할 수 있을까? 당신이 성품에 대한 정의, 즉 밖으로 드러나는 우리의 내면세계라는 것을 이해한다면 이 말이 사실임을 알 것이다. 우리가 하나님께 우리 속에 깊이 들어오시도록 허락하면, 예수님의 생명이 우리를 통해 살기 시작한다.

바울이 고린도 교회에 보낸 첫 편지에서 성령님이 내주하시는 그리스도인으로서 우리는 '그리스도의 마음을 가졌다'(고전 2:16b)고 했으며, 시편 37편 4절에서는 "여호와를 기뻐하라 그가 네 마음의 소원을 이루어 주시리로다"라고 했다. 따라서 이 두 부분의 말씀을 합치면 이렇게 된다. 즉 하나님이 우리 속에 하나님의 성품을 개발하시도록 우리가 허락하면 (연단을 포함하여) 하나님의 열망과 하나님의 시각이 우리 삶의 토양 속에 스며들어서 하나님이 우리에게 원하시는 것을 우리도 원하게 된다는 말이다.

독창성의 역에서 우리는 이미 하나님께서 독창성과 질서의 창조자이시라는 것을 말한 바 있다. 독창성과 연단은 우리 사람에게는 서로 배타적으로 보일 수 있으나 하나님께는 그렇지 않다. 성경 속의 '연단'이라는 말은 견고한 마음과 자기 훈련을 가리킨다. 디모데후서 1장 7절에서 이것을 "능력과 사랑과 절제하는 마음"이라고 분명히 밝히고 있다. 당신의 개인적인 설계나 취향이 어떻든지 간에 하나님은 당신이 하나님의 자녀가 되어서 당신 속에 심으신 이 연단을 받아들이고 개발하기를 원하신다.

연단의 모델

이 연단의 성품을 잘 드러내 주는 '실제 인물'을 성경 속에서 찾아보자. 다니엘은 매우 어려운 상황 속에서 연단의 귀감이 된 인물로 두드러진다.

다니엘 1장 1-7절 읽기

3. 왕의 궁정에서 왕을 섬기게 된 이스라엘 사람은 어떻게 해서 선택되었습니까? 이렇게 영예로운 선택을 받은 사람들에게 곧 생길 수 있었던 압박감은 어떤 것이었을까요?

---

4. 왜 다니엘은 모세의 법에 의하여 불결해지는 음식을 먹지 않기로 한 자신의 결심을 지킴으로써 기꺼이 위험을 무릅썼습니까?

다니엘은 깊은 연단에 들어가면서 몇 개의 원칙을 적용했다. 이 문제에 돌입하기 전에 먼저 다니엘이 당면한 상황을 간추려 보자. 다니엘은 바벨론의 느부갓네살 왕이 예루살렘을 침공하여 모든 것을 엉망으로 만들어 놓기 전에는 여러 친구들과 함께 삶을 즐기고 있었다. 느부갓네살 왕은 예루살렘을 점령하자 많은 것들을 바벨론으로 옮겨갔으며 다니엘과 그의 친구들도 그 가운데 있었다.

이것을 진단해보자. 다니엘은 혼자 몸으로 고향으로부터 800마일이나 떨어져 있었다. 그는 외모가 수려한 젊은이로 아주 부패한 문화의 한가운데 있었다. 늙은 느부갓네살 왕은 머리가 좋았다. 그리고 그가 보기에 어떤 멋진 구상을 가지고 있었다. 아마 이런 생각이었는지도 모른다. "이 유대인들에게 내가 살아가는 방법을 보여주겠다. 그들에게 살이 오르고 좋은 인생이 어떤 것인지 그 맛을 보여줘야지." 그래서 이 왕은 사로잡아 온 유대인들이 그가 세상을 보는 것처럼 보고 결국은 그들의 방법을 버리고 그의 방법을 따르게 되기를 원했다. 그래서 그들 앞에 가장 기름진, 그래서 모세의 법과는 가장 동떨어진 바벨론의 음식을 배설했다.

5. 우리 문화 중에서 어떤 것들이 가장 우리를 하나님께서 원하시는 순종과 연단의 삶에서 멀어지게 합니까?

미리 세운 계획이 발휘하는 힘

왕의 전략에 대한 다니엘의 반응에서 자신을 꾸준히 연단하고 있는 그의 비밀이 드러났다. 첫 번째, 그는 미리 세워 둔 계획에 준해 행동하고 있었다. 다니엘 1장 8절에서 "다니엘은 뜻을 정하여 왕의 음식과 그가 마시는 포도주로 자기를 더럽히지 아니하리라고"라고 했다. 여기서 "뜻을 정하여"라는 말은 히브리어로 된 구약성경의 원본에서는 과거시제이다.

이것은 결정해야 하는 지점에 이르기 전에 이미 다니엘이 이 문제에 대해 확정되어 있었던 것을 의미한다. 그가 놀라운 자기 연단을 보일 수 있었던 것은 그가 미리 물러설 수 있는 것과 결코 물러설 수 없는 것에 대해서 마음을 정했기 때문이었다.

6. 미리 계획을 세우는 것은 그저 마음을 정하는 것 이상입니다. 이것은 또한 유혹을 피할 수 있는 전략이 되기도 합니다. 당신이 사용했던 유혹을 무찌르는 전략이나 또는 그런 전략을 본 것이 있으면 말해 보십시오.

다니엘 1장 9절에 보면 다니엘의 뜻에 대해 보여주신 하나님의 반응이 있다. 여기서 주목할 것은 다니엘에게 바벨론의 관리가 은혜와 긍휼을 보이게 된 것은 하나님으로 말미암아서라는 점이다.

결합의 힘

다니엘의 이야기에서 두 번째로 나타나는 연단의 건축 재료는 다니엘 1장 6절과 17절에 나온다. 다니엘이 그의 연단에 불굴의 의지를 가질 수 있었던 것은 이 결심을 다른 사람과 함께 나누고 있었기 때문이다. 다니엘과 그의 세 친구, 하나냐, 미사엘, 그리고 아사랴는 적어도 그들이 사로잡혔던 때부터 한덩어리로 움직였던 것 같다. 이 강인한 결합은 다니엘서 전체에 나타난다. 이 젊은이들은 연단이 가장 잘 유지되기 위해서는 함께하는 자들과의 관계성이라는 것을 알고 있었다.

7. 당신과 함께하는 다른 사람으로 인해 힘을 얻은 경험을 한 것은 언제였습니까?

스시 크기(Sushi-sizing)의 힘

세 번째 다니엘이 그가 정한 것을 꾸준히 해나갔던 것은 그의 하루하루에서 스시 크기였다는 점이다(물론, 이것은 히브리어 성경에서 직역한 것이다). 이 비유법은 당신이 생선회를 좋아한다면 정말 잘 이해하겠지만 그래도 잠깐 내 말을 들어보라. 연단은 우리 삶에서 한 번에 하나씩 작은 것을 실행해 가면서 발전한다. 한 번 한 번의 작은 승리가 또 다른 것, 또 다른 것으로 이어져서 생선회 한 조각이 끝내는 고래 옆구리가 될 때까지 그 승리는 자란다. 그 위에, 우리가 해나가는 한 번 한 번의 새로운 연단은 우리가 해내고자 하는 모든 다른 연단에 긍정적인 영향을 미친다.

다니엘서 1장의 작은 결단은 다니엘서 3장의 세 젊은 청년이 격렬히 타는 풀무불 앞에 맞서면서도 정한 길을 가게 하며, 다니엘서 6장의 사자굴과 7장부터 12장에 묘사되는 심한 영적 전쟁에서도 신앙의 길을 가게 한다. 아무도 고래나 참치를 통째로 삼키지 못하지만, 언제나 또 한 조각의 생선회는 먹을 수 있는 것이다.

마태복음 6장 34절 읽기

8. 내일 일을 염려하지 말라는 메시지와 미래를 예비하기 위해 오늘 우리가 하나하나 작은 일들을 해나가는 것 사이에 어떻게 개념상의 균형을 이룰 수 있습니까?

깊은 신뢰에서 오는 힘

다니엘 6장 10절 읽기

다니엘의 방을 살짝 엿보면, 다니엘이 자신을 꾸준히 연단하고 근신하는 가장 큰 비밀을 볼 수 있을지 모른다. 다니엘에게 있어 다른 무엇보다도 중요했던 것은 성령님의 힘에 깊이 의지하는 것이었다. 그는 하루에 세 번씩 정기적으로 하나님께 감사하고 그 분의 하나님 되심과 그분이 하신 일을 묵상했다. 그의 마음은 하나님으로 가득 찼고 적이 공격해서 이길 수 있는 여지가 없었다.

묵상은 성경에서 52번 언급되고 있다. 우리가 묵상에 대해 말할 때, 그것은 동양에서 하는 것 같은 머릿속을 비우는 묵상이 아니다. 성경적 묵상은 우리 마음이 완전히 변화되는 능력에 대해 말하는 것이다. 베스트셀러인 리처드 포스터의 《연단 찬양》(Celebration Of Discipline)은 우리에게 묵상에 대해 가르쳐 준다. "크리스천의 묵상은 하나님의 음성을 들을 수 있고 거기에 순종하는 능력이다. 이렇게 간단하다. 어려운 것을 좋아하는 이들을 위하여 내가 좀더 복잡 미묘하게 설명할 수 있다면 좋으련만."

하나님을 묵상하고 그분의 말씀을 묵상하는 것은 우리의 정신과 마음의 토양을 준비시켜서 하나님이 우리 삶 속에 연단(다른 성품 요소도 함께)을 키워주실 수 있게 한다. 따라서 연단과 묵상이 여기서 만난다. 지금 곧 달력을 가지고 앞으로 30일 동안 묵상을 위한 시간과 장소를 정하라.

스가랴 4장 6절을 읽고 어떤 일에서든 성취의 열쇠가 되는 것을 발견하라.

9. 비밀은 무엇입니까? 다니엘이 알았던 것을 생각할 수 있습니까?

----

10. 다니엘이 만약 자신의 힘과 능력으로 생존 경쟁에서 싸우려고 했다면 어떤 일이 일어났을까요?

올바른 선택과 경건의 연단을 지속했던 결과로 다니엘은 모든 이보다 뛰어난 인물이 되었다. 다니엘의 동료들만 그를 알았던 것이 아니라 왕도 그에게 경의를 가지고 하나님의 능력을 인정했던 것은 다니엘의 삶 때문이었다.

• 올려드리기 Lift It Up

다니엘은 연단의 삶을 만들어내는 비밀을 알고 있었다.

* 미리 계획을 세움
* 다른 사람과의 밀접한 결합
* 매일 매일 스시 크기의 실천
* 하나님과 그의 말씀을 매일 묵상함

11. 다니엘이 연단과 함께 깊이 품었던 원리들을 생각해 보면서, 이중에서 지금 당장 당신에게 가장 필요한 것은 무엇이라고 생각합니까?

---

12. 연단이나 근신(self-control)의 새 정신을 불어넣음으로써 지금 당장 가장 큰 유익이 있을 삶의 영역이나 국면은 무엇입니까?

　연단에 깊이 들어가도록 서로를 위하여 기도하라. 지금 당신이 싸우고 있는 영역에서 작은 승리를 가져오도록 하나님께 구하라 작은 승리들이 흠이 없고 깊이 있는 변함없는 성품을 유지했던 것으로 알려진 다니엘처럼 되도록 당신을 이끌어갈 것이다.

나의 기도 요청

그룹의 기도 요청

지도자 가이드

그대가 갓 소그룹의 리더가 되었건, 아니면 장기간 리더의 경력이 있는 베테랑이건 이 지도자 가이드는 소그룹 모임을 가장 효과적으로 이끌 수 있도록 고안되었다. 그룹의 멤버들 사이에서 건강한 토론이 이루어지도록 리더인 그대를 도와줄 뿐만 아니라, 각과에 있는 질문에 대한 통찰력 있는 대답을 제시해 준다.

질문에 대하여 당신이 명확하게 답하지 못한 것을 여기에서 꼭 검토하기를 바라고 어떻게 하면 모든 사람을 다 토론에 참여시킬지, 토론에 창의성을 불어넣자면 어떻게 하면 좋을지, 또 어떻게 다른 사람을 위한 리더가 될 수 있는지 생각해 보기를 바란다.

이 책을 공부해 나가면서 성경의 상당 부분을 읽어야 할 경우가 있을 것이다. 리더로서, 멤버들이 각 과를 읽고 성경을 찾아서 참고로 하고 질문에 대한 대답을 공부하는 등, 미리 모임에 대한 준비를 하고 참석하도록 격려하기 바란다. 이렇게 성경을 읽는 분량이 많을 때는 리더가 요약을 해주면 한 사람이 소리내어 읽어가는 중에 다른 사람들의 집중력이 떨어지는 위험을 막을 수 있다.

그러나 모든 사람이 다 성경 스토리를 알고 있다고 가정해서는 안 되고 요약한 내용 속에 중요한 요점이 빠지지 않았는지 확인해야 한다. 이렇게 하는 것이 토론의 흐름이 자연스럽게 진행되고 소그룹의 과제를 제 시간에 다 마치는 데 도움이 될 것이다.

Character Tour

소그룹을 이끌어가는 것이 도전적인 경험이 될 수도 있는 반면 많은 상급도 있다. 따라서 기도에 시간과 정성을 들여 리더로서 자신을 준비하도록 하라. 크고 기쁜 결과를 가져올 것이다.

♣ 제1과 – 당신의 성품은 어떻게 만들어지고 있는가?

1. 우리 사회에서 도덕성의 기준이 사라진 것을 본 것은 어떤 경우였습니까? 예를 들어 보십시오.

    답 : 정치, 연예, 결혼, 교육, 젊은이들의 태도, 기타 등 대답은 다양할 것이다.

2. 세상이 더욱 긍정적이고 도덕적인 성품을 가질 수 있도록 우리가 실천할 수 있는 방법으로는 어떤 것이 있습니까?

    요령 : 몇 가지 제안할 수 있는 짧은 목록이나 사람들이 가지고 있는 의견을 만든다. 토론이 끝난 다음에 리더가 준비한 목록을 멤버들과 나누고 각자가 세상으로 나가 긍정적인 영향을 미치도록 한다.

3. 늘 예수님께 연결되어 있으려면 어떻게 해야 합니까?

    답 : 대답에는 기도, 성경읽기, CCM 음악 듣기 외 많을 것이다. 뒤따를 수 있는 좋은 질문으로는 "그렇게 할 때 어떻습니까?" 하는 등의 질문이다.

4. 더 깊이 하나님을 원하도록 하나님께서 당신의 삶에서 어떤 테스트를 하셨습니까?

    대답은 다양할 것이다.

그리스도인의 성품 탐방

5. 우리의 불순물들이 위로 다 떠오르도록 열 속에서 견디기를 거절하면 그 결과가 어떻게 될까요?

　　답 : 하나님께서는 우리가 그분의 영광을 반사해 비추는 자가 되기를 원하시지만 죄로 말미암아 우리는 변색되었다. 하나님의 정결케 하시는 도(道)에 우리가 "노(No)" 하면, 삶은 죄의 진흙탕물 속에 머물 수밖에 없다. 이 흙탕물 속에 오래 머물면 머물수록 우리는 더 부패하고 하나님에게서 멀어지는 자신을 보게 된다.

6. 하나님이 왜 우리의 결점을 보여주시기 위하여 고난을 사용하시며 왜 고난을 우리의 성품 변화를 위한 동기로 삼으신다고 생각합니까?

　　답 : 하나님께서는 우리의 결점을 보여주시기 위하여 고난을 사용하시며 또 고난이 소용되기 때문에 우리를 변화시키시는 동기로 삼으신다. 고난의 시기는 우리를 하나님의 인도하심을 향하여 더 열리게 하며 우리가 모든 해답을 갖고 있지 않다는 것을 깨달음으로써 그분을 의지하게 하신다. 또 고난은 어지러운 것을 제거하는 하나의 방법이 되어 정말 우리 삶에서 중요한 것이 무엇인지에 우리의 관심을 모으게 한다.

7. 이 변형을 경험하는 데 당신을 내적, 외적으로 가로막는 것이 무엇입니까?

　　요령 : 멤버들이 그들의 장애물들을 말할 때, 유사점들을 드러낸다. 이런 장애물들을 깨뜨려 더욱더 분명한 그리스도의 빛이 되도록 서로 격려할 방법에 대해 토론하라.

8. 예수님을 닮는 성품을 개발하는 것과 관련하여 우리가 계속 성장하도록 서로 쉽게 도울 수 있는 일에는 어떤 것이 있습니까? 또 어려

운 일에는 어떤 것이 입습니까?

요령 : 이 질문을 기도 요청과 찬양 시간으로 인도해 가라. 그룹으로서 하나님께서 각자의 눈을 열어주셔서 쉬운 것뿐 아니라 어려운 영역에까지 서로 봉사할 수 있는 기회를 보게 해달라고 기도한다.

♣ 제2과 – 당신은 최후까지 인내하며 버티는가?

1. 주변을 둘러보면, 인내 부족으로 가장 영향을 받는 분야는 어떤 분야로 보입니까? 왜 이 분야를 꼽습니까?

    대답은 다양할 것이다.

2. 당신의 삶을 뒤돌아보면서 좀더 인내했더라면 하는 경험을 한 가지씩 나누어 보십시오. 만약 그것을 당신이 인내하고 꾸준히 했더라면 어떻게 되었을까요?

    요령 : 좋은 유도 질문은 다음과 같다. "우리가 끝까지 마치기 전에 포기해 버리는 것은 왜일까요?"

3. '그럴 만한 자격이 없는 사람이 은혜를 얻은' 일을 경험한 적이 있습니까? 왜 그 일이 당신을 놀라게 했습니까?

    대답은 다양할 것이다.

4. 노아가 하루하루를 '하나님과 동행' 했던 것을 어떻게 그려볼 수 있습니까? 오늘날에 있어서 이 모습은 어떤 것일까요?

    답 : 노아의 하나님과의 동행은 매우 밀착된 것이어서 그가 "당대에 흠 없는 사람"이라는 평을 들을 수 있었다. 여기엔 분명히 정기적인 기도,

그리스도인의 성품 탐방

늘 예배드림, 그리고 순간순간마다 자신의 충동이나 그의 주변 세상의 흐름을 따르는 대신에 하나님을 따르는 결정을 내린 것들이 포함된다.

5. 히브리서 11장 1절 말씀에 "믿음은 바라는 것들의 실상이요 보지 못하는 것들의 증거"라고 했습니다. 하나님의 요청에 대한 노아의 첫 반응은 어떠했을 것으로 생각합니까? 노아가 배를 짓기 전에, 그리고 배를 짓는 동안에 경험했을 믿음의 위기는 어떤 것이었을까요?

요령 : 흥미로운 유도 질문은 다음과 같다. "믿음을 갖는다는 것이 무엇을 의미하는지 그대 자신의 말로 표현해 보십시오."

6. 하나님께서 당신의 관점에서 볼 때 완전히 말도 안 되는 것을 요청하신 적이 있습니까? 또는 당신의 경험상으로 볼 때, 전혀 조리에 닿지 않는 일을 요청하신 적이 있습니까? 거기에 대해 나누어 보십시오.

대답은 다양할 것이다.

7. 사람들이 뭔가 하던 일을 그만둬 버릴 때, 일반적으로 어떤 이유를 댑니까?

요령 : 대화를 이어지게 하기 위하여 "이들이 이치에 맞는 이유들입니까 아니면 변명입니까?"라는 질문을 하라.

8. 하나님께서 우리의 상황을 인내하라고 하실 때, 그리고 어떤 것을 버리라고 하실 때, 우리는 어떻게 그 결심을 할 수 있습니까?

답 : 계속해서 우리의 시각을 하나님의 뜻에 두기 위해서는 정기적으로 성경의 가르침을 잘 살펴야 한다. 성경은 유일하게 믿을 수 있고 우리

를 위한 하나님의 뜻에 대한 절대적인 근원이 된다. 또 하나님과의 관계를 꾸준히 지속하기 위해서는 묵상과 기도뿐 아니라 연합하여 예배드리고 기도드리는 것이 필요하다. 하나님께서는 "모든 것 곧 하나님의 깊은 것이라도 통달하시는" 성령에 의해 우리에게 진리를 분명하게 드러내시며 명료하게 하신다(고린도전서 2장 10-16절을 보라). 그러나 조심하여 "영들이 하나님께 속하였나 분별하라"(요한1서 4:1-3). 교회의 목사님이나 장로, 또 부모님 같은 성숙한 교인들에게 상담을 하는 것도 현명한 방법이다. 그대의 상황과 지속되는 감정을 상담하라. 그들 역시 그대를 위한 하나님의 방향을 굳게 할 수 있다.

9. 당신이 참고 꼭 붙들고 있어야 할 인내가 필요할 때 그런 용기를 주는 사람이 당신의 삶 속에서는 누구입니까? 그에 대한 이야기를 함께 나누십시오.

    요령 : 그룹 멤버들에게 이 사람이 다른 사람에게 용기를 주는 것이 무엇인지에 대해 설명하도록 하라.

10. 당신이 더 인내하며 달릴 수 있도록 오늘 벗어던질 수 있는 한 가지는 무엇입니까?

    그룹 멤버들의 수만큼 많은 답이 나올 것이다. 원하는 대로 모든 사람들이 다 말한 후, 제자들이나 사도 바울, 혹은 아는 사람 중에 인내의 예가 될 사람이 누구이든 그들이 포기한 것은 무엇인지 물어보라.

11. 참는 것과 끝까지 잘 마치는 것은 어느 누구에게도 쉽게 오는 것이 아님을 깨닫고 자신이 '달리고 있는 경주'를 그룹과 나누십시오. 하나님께서 그 경주에서 어떻게 견딜 힘을 주셨고 용기를 주셨는가

하는 점에 초점을 맞추십시오.

> 대답은 다양할 것이다. 이 질문을 함께 기도하는 시간으로 들어가는 것에 이용하라.

♣ 제3과 - 당신의 용기는 접혀지는 것인가?

1. 최근 당신이 목격한 것 중에서 정말 큰 용기였다고 말할 수 있는 것은 무엇입니까?(책, 뉴스, 영화, 혹은 실화 중에서)

   > 대답은 다양할 것이다.

2. 당신이 한 일 중 가장 용감했던 일은 무엇입니까? 이것을 위해 당신이 극복해야만 했던 것은 무엇입니까?

   > 요령 : 두 가지 질문을 하고 한두 사람의 대답으로 토론 시간을 쓴다. 어떤 얘기는 길어서 듣는 사람이 말하는 사람의 영웅적인 이야기에 '허풍'을 느낄 수도 있다. 멤버들이 질문에 답하는 것을 선택하는 일은 심적인 고통을 완화시킬 뿐 아니라 도전의 효과도 있다.

3. 하나님이 함께하신 엄청난 역사들이 있는데 지금 왜 이스라엘 백성이 두려워한다고 생각합니까?

   > 답 : 이스라엘 백성들의 용기는 꺾였다. 그들 앞에 놓인 임무를 초점이 잘못된 눈으로 보았기 때문이다. 그들은 그들이 할 수 있는 것을 보고 있었고 하나님께서 그들을 통해서 하실 수 있는 것을 보고 있지 않았다. 덧붙이자면, 그들은, 우리처럼 과거에 하나님께서 우리를 위해 무엇을 하셨는지를 잊어버리는 경향이 있었다.

4. 투덜대는 이유가 있을 수도 있습니다. 어쨌거나 그곳은 약속의 땅이었습니다. 그들은 이 땅을 쉽사리 점령할 것으로 생각했을까요? 그들이 왜 그렇게 느꼈다고 생각합니까?

    답 : 그렇다. 우리는 모두 하나님께서 우리 앞에 축복을 놓아주셔서 그것을 줍기를 원한다. 특별히 삶의 씨름으로부터 물러나 쉬고자 할 때 그렇다.

5. 당신이 생각했던 것보다 점령이 어려웠던 당신의 '약속된 땅'은 무엇이었나요?

    요령 : 계속할 수 있는 좋은 질문은 다음과 같다. "어떻게 계속 담대할 수 있었습니까?"

6. '믿음이 충만한' 이 리더들의 반응이 당신이 행했거나 혹은 당신이 본 리더십과 어떻게 다릅니까?

    대답은 다양할 것이다.

7. 이런 리더십이 세상에서 보기 드문 이유는 무엇일까요? 이런 리더십을 위하여 인간의 성향이 극복해야 할 핵심적인 것은 무엇이라고 생각합니까?

    답 : 이런 유형의 리더십이 드문 이유는 자존심을 제쳐놓아야 하기 때문이다. 우리는 공개적으로 우리가 통제할 수 없는 상황인 것을 인정하고 통제하실 수 있는 한 분을 구해야 한다. 이것이 자존심과 자부심을 지향하는 인간의 본성을 거스른다.

8. 하나님의 반응이 정당하고 일리가 있어 보입니까? 왜 바로 그때 하

그리스도인의 성품 탐방

나님이 큰 이적을 베푸셔서 이스라엘 백성이 충분한 믿음을 갖고 앞으로 나아가도록 하지 않으셨을까요?

> 답 : 하나님은 궁극적으로 인간의 부모이시다. 하나님께서는 당신이 그냥 이스라엘 백성을 위해 이것을 해결하시면 이들이 응석받이가 되고 게을러진다는 것을 알고 계셨다. 이것은 마치 부모가 뛰어들어 해결하고 자녀들이 불순종할 때 벌하지 않고 넘어가면 아이들이 어떻게 되는지와 마찬가지이다.

9. 자신의 경험에서 하나님께서 바르게 하시고 준비하시는 기간으로 당신을 '광야로 되돌려 보내신' 곳이 있었습니까? 그 결과는 당신 인생에서 무엇이었습니까?

> 대답은 다양할 것이다.

10. 왜 하나님은 그렇게도 여러 번 "강하고 담대하라"는 말씀을 반복하실까요?

> 답 : 하나님께서는 당신의 백성이 할 수 있다는 것을 확실하게 하고 싶어하셨다. 이것이 이전에 거치는 돌이 되었으므로 여호수아에게 용기를 주셨다. 여호수아의 용기가 이스라엘 백성들에게 전염이 되어서 그들이 여호수아를 따라 요단 강을 건너 하나님이 약속하신 땅으로 들어가기를 원하셨다. 하나님께서는 우리가 넘어지는 곳도 역시 아신다. 그래서 우리를 강하고 담대하라고 격려하시면서 두려움에 직면해서 그분을 따르게 하신다.

11. 광야 40년 동안에 달라진 이스라엘의 태도는 하나님의 마음과 그분이 중요하게 여기시는 것에 대해 무엇을 보여줍니까?

답 : 이것은 하나님의 공의를 보여주면서 또한 용서의 신이심을 보여준다. 하나님께서는 이스라엘 백성을 광야에 영원히 내팽개치셨거나 약속하신 땅을 그들에게서 빼앗지 않으셨다. 그들을 연단시키셨으며 또한 용서하셨다. 용서하셨을 뿐 아니라 약속하신 땅으로 들어가게 하시고 그 땅을 그들 손에 주셨다. 40년 전 그들의 조상에게 약속하신 그대로 행하셨다. 우리의 죄성이 이기는 것 같아 보일 때에도 언제나 하나님의 일이 성취된다.

12. 당신을 삶의 어떤 영역이 강하고 담대해질 필요가 있다고 생각합니까? 당신이 불안해하고 두려움을 느끼는 것은 어떤 이유에서입니까?

    대답은 다양할 것이다. 이 질문을 함께 기도하는 시간으로 인도해 가라.

♣ 제4과 – 당신 안에 하나님의 사랑이 넘치는가?

1. 첫사랑을 기억합니까? 그 사람 옆에 있을 때, 느낌이 어떠했습니까?

    대답은 다양할 것이다. 이 질문으로 재미있는 시간을 가지라.

2. 반응이 없는 대상이나 물체에 첫사랑을 주었던 기억은 어떤 것입니까?

    요령 : 계속할 수 있는 두 가지 좋은 질문은 다음과 같다. "누구로부터 사랑을 거절당한 기억이 있습니까? 그 사람의 반응이 어떠했습니까?"

3. 왜 하나님께서는 호세아에게 간부(姦婦)와 결혼하라고 하셨을까요?

이것이 결혼에 대하여 우리가 알고 있는 하나님의 관점과 어떻게 부합합니까?

> 답 : 하나님의 결혼에 대한 그림은 언제나 하나님과 우리의 사랑하는 관계와 같은 것이다. 호세아가 간부와 결혼하라는 명을 받은 것은 이스라엘이 하나님과의 관계에서 가진 것을 상징한다. 호세아는 이스라엘이 하나님께 그랬던 것처럼 그녀가 언젠가 부정(不淨)하게 되리라는 것을 알면서 결혼한다. 우리는 오늘날 하나님께서 결혼에 대해 주신 그 방침을 그대로 따라야 한다. 호세아가 그의 시대에 하나님께 그대로 순종했듯이.

4. 호세아는 고멜을 뒤쫓고, 고멜은 계속 달아납니다. 우리가 하나님에게서 도망하고 돌아가기를 거부할 때, 하나님은 어떻게 하실까요? 당신의 삶에서 이런 경우, 하나님은 어떻게 하셨습니까?

> 답 : 하나님은 결코 우리를 포기하시지 않는다. 우리가 얼마나 멀리, 얼마나 맹렬히 도망가든 우리를 사랑하는 관계로 되돌리시고자 애쓰는 미쁘신 분이다.

5. 고멜이 도망하여 만난 '가시'는 어떤 것이었을까요?

> 답 : 대답은 다양하겠지만 하나님께서는 고멜을 그녀의 연인으로부터 막고 삶에 허덕이게 하셨다. 이것은 질병이나 감정적인 고통, 여러 가지 어려운 상황이나 이런 종류의 것들일 수 있다.

6. 당신의 삶에서 하나님이 가시덤불로 막으신 예는 어떤 것이 있습니까?

> 요령 : 여기에 계속될 수 있는 질문은 다음과 같다. "그 가시밭길을 얼

마나 오래 방황했는지 또 하나님께로 그들이 돌이키기 전 얼마나 큰 고통을 감수해야 했나요?"

7. 호세아가 왜 고멜을 돌보기를 포기했을까요? 동기가 무엇이었다고 생각합니까?

　　답 : 고멜이 그로부터 돌아서서 다른 남자의 품으로 갔으므로 호세아는 그녀를 돌보아주는 것을 그쳤다. 호세아의 동기는 사랑이었다. 고멜을 사랑했고 그녀가 자신을 사랑하기 원했기 때문에 그녀를 돌보아주지 않았다. 그녀가 계속 반역의 삶을 살았기 때문에 그녀가 뉘우치고 돌아오기를 기대하여 그녀의 필요를 제공하는 것을 끊었던 것이다. 오늘날 이것을 우리는 '거친 사랑'(tough love)이라고 한다.

8. 이 지점에서 고멜이 자기 인생과 자기의 선택에 대해 어떤 기분을 느꼈을까요? 당신은 하나님을 거역하고 죄를 범한 이후 어떤 느낌이었습니까?

　　대답은 다양할 것이다.

9. 이 과정에서 호세아에게 가장 어려웠던 것은 어떤 부분이었을까요? 당신이 호세아의 입장이라면 무엇이 가장 힘들었겠습니까?

　　대답은 다양할 것이다.

10. 서로가 하나님과의 신실한 관계에 남아 있도록 도울 수 있는 일이 있다면 혹은 하나님께 거역하는 시기에 그분께로 다시 돌아오도록 서로 도울 수 있는 일이 있다면 무엇일까요?

　　요령 : 이 질문과 함께 찬양과 기도의 시간으로 들어가라. 개인과 그룹

으로서 하나님께 우리가 늘 성실하도록 도와달라고 구하라.

11. 하나님의 놀라우신 사랑을 받아들이는 것이 당신에게 쉽습니까, 아니면 어렵습니까?

　　답 : 하나님은 사랑이시며(요일 4:16) 우리는 그의 형상대로 지음받았다(창 1:47). 이 때문에 우리는 사랑을 경험할 수 있고 사랑을 줄 수 있다. 더 나아가, 다른 사람을 향한 우리의 사랑은 우리에 대한 하나님의 끊임없고 무조건적인 사랑에서 흘러나와야 한다.

♣ 제5과 – 당신은 독창성을 최대한 발휘하고 있는가?

1. 당신에게 다른 것보다 좀더 뛰어난 창의성을 보이는 영역이나 활동은 어떤 것입니까?

　　대답은 다양할 것이다. 질문과 함께 재미있는 시간이 되도록 하라.

2. 당신에게 무제한의 자본금이 있고 실패하지 않을 줄 안다면 무엇을 발명하고 싶습니까?

　　요령 : 플레이 도우(play dough)나 모양을 만드는 진흙 재료가 손에 있으면 그것으로 재미있는 시간을 가질 수 있다. 몇 분간 시간을 주고 각자 창의적으로 모양을 만들고 거기에 대해 말하게 한다. 이런 종류의 활동은 사람들을 모으고 긴장을 풀고 활동에 참여하게 하는 데 도움이 된다.

3. 당신은 우리가 다 똑같은 분량의 창의성을 가졌다고 생각합니까? 그렇지 않다면 왜 하나님께서는 어떤 사람에게는 다른 사람보다 더

많은 창의성을 주셨을까요?

답 : 우리는 모두 창의적 인간이지만 간단히 우리 주위를 둘러만 봐도 각자가 다 다른 창의성을 가지고 있다. 하나님께서는 우리 각자에게 각각 다른 솜씨와 재능, 천부적 소질을 주셨다. 어떤 사람에게는 창의성이 천부적이지만 어떤 사람에게는 노력과 연습에 의해서 후천적으로 얻어진다. 우리는 모두 하나님께서 주신 잠재적인 창의성을 발휘할 수 있는 만큼 자주 최대화해야 한다!

4. 하나님께서는 왜 이렇게 전 역사를 통해서 독창적인 커뮤니케이션의 기술로 인간과의 교제에 전념하셨을까요? 하늘로부터 들리는 그분의 음성을 위해 천둥 번개 소리로 충분하지 않았을까요?

답 : 성경을 읽어보면, 하나님께서 여러 번 사람들과 직접 의사소통을 하셨고 사람들은 그 말씀을 순종하지 않은 것을 보게 된다. 하나님의 음성을 귀로 듣지 못하는 것이 진정한 문제가 되는 것이 아니다. 듣기를 거절하는 것은 우리 마음에 문제가 있는 것이다.

하나님께서는 독창적인 방법으로 우리와 의사소통을 하신다. 이것은 하나님의 본성이기 때문이요, 이 때문에 우리 속에 믿음이 세워진다. 우리가 시간을 내어 정말 하나님의 말씀을 들을 때, 그분과의 튼튼한 관계가 만들어지는 것이다. 이것이 요점이다. 하나님께서 우리에게 닿고자 하시는 열망을 볼 때, 우리는 그분의 사랑의 증거를 본다.

5. 성경에 들어 있는 이러한 독창적인 사물들이 알리는 진리들 가운데 당신에게 개인적으로 가장 의미 있는 것은 어떤 것입니까?

대답은 다양할 것이다.

6. 당신이 사람들에게 영적 감동을 끼치도록 부르심을 받은 곳에서 어떻게 예수님의 방법을 적용하겠습니까?

   답 : 예수님께서는 당신이 가르치는 요점을 주변 세상의 일반적인 일들에서 예를 드셨다. 예수님은 시간적으로는 당면한 때, 장소, 그리고 그분이 계셨던 곳의 사람들을 예로 사용하셨다. 당신이 예수님의 독창적인 예를 따르는 데 있어 필요한 것은 오직 눈을 뜨고 당신 주위에 무엇이 있는지 그리고 그것이 당신이 의사소통을 하려고 하는 것과 어떤 관계가 있는지를 생각하라. 그런 다음, 주위 사람들을 생각하라. 그러면 그들이 어디서부터 왔는지를 깨닫게 되고 이것이 그대로 하여 그들이 처한 곳에서 그들을 만날 수 있게 해줄 것이다.

7. 당신의 독창성을 가로막는 것은 무엇입니까?

   답 : 두려움, 게으름, 자신감 부족, 빈약한 각오 등이 가장 일반적인 대답일 것이다. 이런 장애물들은 우리에게 '창의성의 경직'만을 가져올 뿐이다. 창의성의 경직을 치료할 수 있는 유일한 치료법은 준비뿐이다. 어떤 사람은 창의성과 준비는 동시에 존재할 수 없다고 생각하겠지만 독창성이라는 것이 반드시 '자연발생적'인 것은 아니다. 독창성은 질서로부터 태어나는 것이지 혼돈으로부터가 아니다. 계획을 세우라. 그것이 당신의 '독창성의 경직'을 극복하는 데 도움이 될 것이다.

8. 당신의 삶에서 독창성이 가장 크게 고양(高揚)되어야 할 분야는 어떤 영역(결혼, 부모 됨, 직장, 사역, 개인적인 성장 등)입니까?

   요령 : 노트에 사람들이 더 창의적이 되고자 하는 각 분야들을 적어 둔다. 몇 주 후나 몇 달 후에 그러한 분야에서 그들의 독창성을 격려해 줄 수 있는 곳에 올 기회를 모색하라.

9. 이 영역에서 당신의 독창성을 더하기 위하여 필요한 변화는 무엇입니까? 당신의 독창성이 성장함에 따라 기대할 수 있는 것은 무엇입니까?

> 대답은 다양할 것이다.

10. 당신이 가장 씨름하고 있는 영역은 다음의 어느 영역입니까?
    - 더욱더 독창적이고 싶은 마음
    - 독창성을 이행할 수 있는 전략
    - 지속적으로 독창성을 발휘할 수 있는 열심

> 요령 : 이렇게도 물을 수 있다. "당신이 가장 강하다고 느끼는 것은 이들 중 어떤 것인가?" 찬양과 기도에 들어갈 때, 하나님의 천재성과 우리에게 주신 재능을 찬양하도록 한다.

♣ 제6과 – 당신에 자기 훈련은 무너져버렸는가?

1. 당신이 젊었을 때, 자기 훈련을 끝까지 완수함으로써 성취했던 최초의 일은 무엇이었습니까?

> 계속해서 "끝까지 그 길에 머물면서 그 계획을 완성하던 느낌이 어떠했는가?"란 질문을 할 수 있다.

2. 당신이 가장 쉽게 자신을 연단할 수 있는 일과 가장 어려운 일은 삶에서 어떤 영역입니까?

> 요령 : 당신이 투명의 모델이 될 수 있는 좋은 기회이다. 작은 위험을 무릅쓰고 했던 개인적인 연단의 도전에 대해 나누어보라. 왜 이 영역에서 당신이 씨름했는지 말하고, 다른 사람들에게 왜 그들의 영역에서 연

단을 포기했는지 물어보라.

3. 왕의 궁정에서 왕을 섬기게 된 이스라엘 사람은 어떻게 해서 선택 되었습니까? 이렇게 영예로운 선택을 받은 사람들에게 곧 생길 수 있었던 압박감은 어떤 것이었을까요?

　　답 : 그들은 외모와 재능으로 선택받았다. 부담감이 컸을 것이다. 그들은 용모와 두뇌에서 다른 사람들보다 뛰어나다는 것을 인정받았다. 이제 그들은 기대에 맞게 살아야 했다. 왕은 의도적으로 이 청년들을 바벨론의 문화에 젖게 했고 그가 생각하는 대로 미래에 최고의 이스라엘의 지도자로 만들려고 시도했다.

4. 왜 다니엘은 모세의 법에 의하여 불결해지는 음식을 먹지 않기로 한 자신의 결심을 지킴으로써 기꺼이 위험을 무릅썼습니까?

　　답 : 다니엘은 이 음식들을 받아들이는 것이 하나님에게서 돌아서고 느부갓네살 왕을 더 의지하게 되는 첫 단계라는 것을 알았음에 틀림없다. 그는 '작은 일'에 순종하는 자가 되려고 했다.

5. 우리 문화 중에서 어떤 것들이 가장 우리를 하나님께서 원하시는 순종과 연단의 삶에서 멀어지게 합니까?

　　요령 : 멤버들이 답을 나누는 동안 그 답들을 적어 두었다가 복사를 해서 멤버들에게 나누어준다. 무엇이 우리의 관심을 하나님과 맞서게 하는지 기억하기 위해서이다.

6. 미리 계획을 세우는 것은 그저 마음을 정하는 것 이상입니다. 이것은 또한 유혹을 피할 수 있는 전략이 되기도 합니다. 당신이 사용했

던 유혹을 무찌르는 전략이나 또는 그런 전략을 본 것이 있으면 말해 보십시오.

　　대답은 다양할 것이다.

7. 당신과 함께하는 다른 사람으로 인해 힘을 얻은 경험을 한 것은 언제였습니까?

　　대답은 다양할 것이다.

8. 내일 일을 염려하지 말라는 이 메시지와 미래를 예비하기 위해 오늘 우리가 하나하나 작은 일들을 해나가는 것 사이에 어떻게 개념상의 균형을 어떻게 이룰 수 있습니까?

　　답 : 열쇠가 되는 단어는 '염려'이다. 내일을 염려하는 것과 계획을 세우는 것은 다르다. 염려하는 사람들은 감정에 치우쳐 활동(혹은 무활동)을 하는 반면, 계획을 세우는 사람은 하나님께서 그들을 인도하시도록 맡기면서 미래에 일어날 수 있는 어려운 상황을 어떻게 조정할 것인지 전략을 짜는 사람들이다.

9. 비밀은 무엇입니까? 다니엘이 알았던 것을 생각할 수 있습니까?

　　답 : 비밀은 하나님께 대한 신뢰이다. 우리의 힘, 능력, 지능 혹은 우리의 인내를 의지하는 것이 아닌 하나님께 대한 의지이다. 다니엘은 삶에 어떤 일이 있든지 하나님을 의지하는 법을 보여줌으로써 오늘의 우리에게 큰 귀감이 된다.

10. 다니엘이 만약 자신의 힘과 능력으로 생존 경쟁에서 싸우려고 했다면 어떤 일이 일어났을까요?

그리스도인의 성품 탐방

답 : 성경은 사단이 무시무시한 적임을, 그리고 영적 전투의 무기는 영적인 것임을 분명히 보여주고 있다. 다니엘이 하나님을 의지하지 않았다면 그는 삶의 몇몇 지점에서 무자비한 압박에 눌려버렸을지도 모른다.

11. 다니엘이 연단과 함께 깊이 품었던 원리들을 생각해 보면서, 이중에서 지금 당장 당신에게 가장 필요한 것은 무엇이라고 생각합니까?

요령 : 계속할 수 있는 좋은 질문으로는 간단히 "왜"라고 물을 수 있다.

12. 연단이나 근신(self-control)의 새 정신을 불어넣음으로써 지금 당장 가장 큰 유익이 있을 삶의 영역이나 국면은 무엇입니까?

요령 : 찬양과 기도 시간으로 들어가는 다리로 이 질문을 사용하라.

Memo

```
판 권
소 유
```

소그룹을 위한 영성 훈련 시리즈 VI
그리스도인의 성품 탐방

2012년 1월 20일 인쇄
2012년 1월 25일 발행

지은이 | 에드 영
옮긴이 | 김인희
발행인 | 이형규
발행처 | 프라미스

주소 | 서울 종로구 이화동 184-3
TEL | 02-745-1007, 745-1301, 747-1212, 743-1300
영업부 | 02-747-1004, FAX / 02-745-8490
본사평생전화번호 | 0502-756-1004
홈페이지 | http://www.qumran.co.kr
E-mail | qumran@hitel.net
         qumran@paran.com
한글인터넷주소 | 쿰란, 쿰란출판사

등록 | 제300-2008-17호(2008.2.22)

책임교열 | 오완

값 7,000원

ISBN 978-89-93889-11-6 04230
     978-89-961046-3-6 (세트)

＊ 이 출판물은 저작권법에 의해 보호를 받는 저작물이므로 무단 복제할 수 없습니다.
  잘못된 책은 교환해 드립니다.